Seine & Oise

SOCIÉTÉ
des
AMIS DES ARTS
de
SEINE et OISE.
1896
43ᵉ EXPOSITION.

SOCIÉTÉ DES AMIS DES ARTS

DE SEINE-ET-OISE

43ᵉ EXPOSITION

CATALOGUE INSTANTANÉ

DES

ŒUVRES DE PEINTURE

SCULPTURE, ARCHITECTURE, GRAVURE

MINIATURE, DESSINS ET PASTELS

EXPOSÉS

Dans les salles nᵒˢ 41, 42, 43, 44 et 45 du Musée de Versailles

(Rez-de-chaussée)

DU DIMANCHE 5 JUILLET

AU 4 OCTOBRE 1896

Prix : 50 centimes

VERSAILLES
IMPRIMERIES CERF
59, RUE DUPLESSIS, 59
—
1896

Représentants de la Société.

MM. BEUGNIET, Paris, rue Laffitte, 10.
LECESNE, Étampes.
GOUX, Pontoise.

Pour les adhésions à la Société, s'adresser à :

MM. Breteuil, place Hoche, 7.
Gatin, Hôtel-de-Ville.
Bercy, rue Hoche, 16.

N. B. *Un livret indiquant le prix des ouvrages est déposé entre les mains du gardien de l'Exposition.*

ABRÉVIATIONS :

✱ — *Chevalier de la Légion d'honneur.*
H. C. — *Hors Concours.*
Méd. — *Médaille.*
M. H — *Mention honorable.*
V. — *Versailles.*
P. — *Paris.*
Sre. — *Sociétaire.*
E. U. — *Exposition universelle.*
S. — *Salle n°*

Ces titres indiquent les récompenses obtenues aux Salons de Paris et aux Expositions de Versailles.

Les nos *noirs* placés sur les tableaux sont des numéros d'inscription au catalogue ; les nos *rouges* sont des numéros de repère (voir l'explication à la page 17).

SOCIÉTÉ DES AMIS DES ARTS DE SEINE-ET-OISE
(1896)

COMPOSITION DU BUREAU

Présidents d'honneur.

M. le Préfet de Seine-et-Oise.

M. le Maire de Versailles.

Président titulaire.

M. Victor BART, ✳, ❀ I, rue Neuve, 13.

Vice-présidents.

MM. RENAULT (Victor), rue Richaud, 30.

Maxime BARBIER, avenue de Paris, 25.

Trésorier.

M. BRETEUIL, ❀ A, place Hoche, 7.

Trésorier-adjoint.

M. MARQUIS, place Hoche, 7.

Secrétaire.

M. GATIN, ❀ I, Hôtel-de-Ville.

Secrétaires-adjoints.

MM. RENAUD (Emile), ✝, avenue de St-Cloud, 77.

GIRARD, rue de la Paroisse, 5.

Secrétaire général des Expositions.

M. BERCY, rue Hoche, Versailles, 16.

Président honoraire.

M. DEROISIN, ✳, ❀ A, rue des Chantiers, 77.

Trésorier honoraire.

M. LÉON FLEURY, boulevard de la Reine, 71 *bis*.

Commission permanente des secours.

MM. BRETEUIL, A, VICTOR BART, I.

Membres de la Commission d'organisation pour 1896.

MM. LOUSTAUNAU, ✳, *président*,
    BERCY, *secrétaire-général*,
    MAXIME BARBIER,
    DIDIER,
    GIRARD,
    MATERRE, A,
    JONETTE, ✳,
    V. RENAULT,
    E. RENAUD, ✳.
    RAYMOND SIGNOURET, A.
    LANDMANN.

LISTE DES MEMBRES

Abbey (John).
Adam.
Adam, Plaisir.
Adnot.
Adnot (Mme).
Angrand.
Angrand (Mme).
Ansault.
Arondel.
Auboin.
Aubryet (Maurice).
Audiffred (Mme), Paris.
Avalle.
Backer (Mme Maurice), à
  Ville-d'Avray.
Backer (Mme), Ville-d'A-
  vray.
Backer fils.
Baillet (Henry).
Baillet (Mme Henry).
Baillet (Albert).
Baillot (Mme).
Baillou (Ernest).
Barbet (Mlle).
Barbichon.
Barbier (Maxime).
Barbier (Emile).
Barbier (Eugène).
Barbier (Mme Eugène).
Barbier (Henri).
Barbier (Léon).
Barbier (Mlle Marie).
Barbier-Vanblotaque.
Barbier-Vanblotaque (Mme
  Pauline).
Bargeton, ancien préfet de
  Seine-et-Oise, Melun.
Bart (Victor), Président de
  la Société.
Bart (Mme).

Barthel.
Bastien (Mlle Marie).
Batta.
Baubry-Vaillant (Mme), Pa-
  ris.
Beaucerf (Mlle Blanche).
Begat.
Bellot de Busy (Adrien).
Bellot de Busy (Mme), à Me-
  lun.
Belpêche.
Benoit.
Bercy (Louis), *secrétaire
  général des Expositions*.
Bergerot (Mme Louise),
  Paris.
Bernard.
Bernard fils.
Bernard (colonel baron).
Bernard (Mlle Marguerite).
Bernay, Orgivaux.
Berson.
Berteaux, Chatou.
Berton.
Bertrand (Georges), à Sainte-
  Marguerite.
Besnard-Dufresnay.
Besnard (Henri).
Besnard (Mme Léon).
Besson.
Beugniet (Georges).
Bevan, Paris.
Blanchery.
Blanchery (Mme).
Blangeard aîné.
Blain des Cormiers (Mme).
Blot (Mme).
Borel (Mlle).
Bosquet-Luigini.
Bouchez (Mme).

Bouguereau-Labbé, Orléans.
Boulland.
Boullin-Saint-Amand.
Boullin-Saint-Amand (Mme).
Bourbon.
Bourbon (Georges).
Bourdier (Alexandre).
Bourgeot (Léon).
Boyé.
Branchu.
Bréchot (D^r).
Brémard (Henry).
Breteuil, trésorier de la Société.
Breteuil (Mme).
Breteuil jeune (Mme Ve).
Breteuil (Mlle A.).
Breton (Georges).
Bricqueville (le comte de).
Brigonnet, Paris.
Brossier (Mme).
Broussin (le D^r).
Brunel, Paris.
Bucquet (Maurice). Paris.
Bullot-Eicher (Mme), Paris.
Cabarus (Mlle), Paris.
Cahen.
Caillaud (Mlle Aimée), Ville-d'Avray.
Cairel (Mme), Paris.
Canel (Mme).
Caribault-Ferron. Épernon (E.-et-L.).
Caspers (Mlle Pauline), à Nogent, près Paris.
Catelin (Mme).
Caveroc-Hardy (Mme), Paris.
Caviale (Mme).
Cayssac.
Céard (Mme).
Celerier (Édouard), Paris.
Cerf fils.
Chadal (Mlle), Paris.
Chaix (le docteur).

Chardon, Paris.
Charnacé (Mme la marquise de).
Charnier.
Charrier (Mlle Marthe).
Charrier (Mlle Marie).
Charpentier.
Chérion.
Chesnel.
Chevé (Léon).
Cicile.
Clérice (Mme Justine), Malakoff (Seine).
Colin (Mme).
Coquet (Alexandre), Pontoise.
Coquet (Mlle Aline), Pontoise.
Cosson (Mme).
Costeau.
Coüard-Luys.
Coudret (Mme Victor).
Coudret (Alexandre).
Coudret (Mme Alexandre).
Coudret (Paul).
Coudret (Mme Paul).
Coutan (Mme Laure), Paris.
Couturier.
Dagiral.
Daltroff (A.), Ville-d'Avray.
Daltroff (Julien).
Daltroff (Mme Julien).
Daltroff (Mlle Louise).
Dantan.
Daniel (Mme).
Dargent, Paris.
Dassy.
Daule fils.
Dax fils.
Eaubonne (Lucien d'), Châville.
Debasseux.
Deguingand.
Delabarre-Duparcq, Paris.
Delacourcelle, Boulogne-sur-Seine.

Delahaye.
Delamotte (Alfred).
Delabre (Mme).
Delarue (Maurice), Paris.
Delaunay.
Delorme (Mme).
Denevers (Émile).
Denevers (Mme).
Denevers (Paul).
Denneville.
Dépinay.
Deroisin.
Desauty (Mlle), Paris.
Descomble.
Descomble (Mme).
Descomble fils.
Desgenetais (Mme Marie), Paris.
Deslandes (Mlles Berthe et Jeanne), Paris.
Desnos (Mme Ferdinand).
Desportes.
Detaille.
Devaux (Mme).
Didier (Clovis).
Diot (Mlle), Saint-Leu-Taverny (S.-et-O.).
Dobré.
Domingues (J.), Paris.
Donnadieu (Mlle Jeanne), Paris.
Dorgère.
Dormois, Saint-Germain-en-Laye.
Dormont.
Doudet (Mme).
Dreux.
Dreux-Picard.
Dubillon.
Dubois.
Dubois (Octave), à Vincennes.
Dubufe fils, Paris.
Dubuy, Paris.
Ducrocq.
Dufaure, anc. député (château de Gillevoisin, près Lardy) (S.-et-O.).
Dufour (Mme).
Dufresnay-Besnard (Fréd.).
Dumidi, Meudon.
Dumont.
Dumont (Mme).
Dumoulin (Mlle Jenny), Paris.
Dupaty (Charles).
Dupont-Binard (Mlle), Paris.
Dupuy de la Perrotière (Mme), Calais.
Duquenne (Mme Edmond).
Durand (Mlle).
Duriez (Mlle), Paris.
Duval.
Eaubonne (d'), Chaville.
Escrivan (Mlle Jeanne d'), Paris.
Esnault.
Esnault (Mme).
Euvé (Edmond).
Euvé (Paul).
Eve (Mme).
Eve fils.
Faast (Mlle Jeanne), Paris.
Falcimaigne, Angerville (S.-et-O.).
Fauchon.
Favarcq (Mme), Chesnay.
Favier.
Feldtrappe, Paris.
Fiel.
Filleul, Paris.
Filliette (Mme).
Filliette (Alfred).
Firnhaber (Mlle Elise), Chatou.
Fisanne fils.
Fizel-Dubisson.
Flamant (Octave).
Flamant (Mme Octave).
Flamant.
Fleury (Mme Léon).
Fleury (Léon) fils.

Forestier.
Forsberg (Nill), Paris.
Fossey, Paris.
Fould (Achille - Georges), Paris
Foulquier, à l'Isle-Adam.
Fous ier (le commandant).
Foyot d'Alvar, Paris.
Fo ot d'Alvar (Mme), Paris.
Fredin (Mme).
Froment (Edmond).
Gaffard (Mme).
Gagé (Mlle Sophie), Paris.
Gallet (Mme Irma), Paris.
Gallet (Mme Louise), Paris.
Gandouin.
Gardey (Mme).
Gatin.
Gauthier (Mme Jeanne), Paris.
Gauthier (Albert), député.
Gautier (Constantin).
Gautier (Joseph).
Gautier (Julien).
Gautier (Mme Julien).
Gavin.
Gavin (Mme).
Gelly, au Bas - Chenne - vières, par la Varenne - Saint-Hilaire (Seine).
Gentil, préfet de Seine-et-Oise.
Georges.
Germain.
Giacomelli, à Clermont-Ferrand (Puy-de-Dôme).
Gilles (Mme Marie), Paris.
Gillet (Emile), Paris.
Girard.
Giraud (le commandant).
Godin.
Godin (Mme Paul).
Coisque (docteur).
Gondrexon, Charleville.
Gontier (Mme).
Levallois.

Got.
Grandchamp.
Gravier.
Gringoire (Mlle Pierrette), Paris.
Grondard (Philippe), à la Valinière, par Rochecorbon (Indre-et-Loire).
Grossœuvre.
Groszer (Mlle Louise).
Guétonny.
Guilloteaux (Paul), à Viroflay.
Guilmant, Meudon.
Guy (Mme).
Haizet, notaire.
Haizet (Mme).
Hardy (Mme).
Haudart.
Haury (Mlle Alice).
Haussmann.
Haussmann (Mme).
Hébert.
Heim.
Hepp.
Hermann.
Hermier (Mlle Octavie), Maisons-Laffitte.
Houlet.
Houlet, Saint-Germain-en-Laye.
Hubert (Léon), Paris.
Huet, Neuilly (Seine).
Hugues, (V.-L.), Paris.
Humbert.
Humbert (Mme).
Humbert.
Hussenot.
Hussenot (Mme).
Hutchinson de Loyauté (Mme), Paris.
Imbault (Raymond).
Imbert.
Izarn (Mlle).
Jacquemard (Mlle).
Jardon, Paris.

Jessé (Mme Gaston).
Jobert.
Joleaud (le colonel).
Jolivet.
Joly.
Jonette.
Jonette (Henry).
Josse.
Jouve.
Julien (Mlle Anna), Neuilly-sur-Seine.
Junière (Mme).
Knol (Jules), Rambouillet.
Kuhling (Mlle), Paris.
Lacombe.
Lacombe (Mme).
Laffitte (Paul).
Lafontaine.
Lagrange.
Lajotte (Mlle Louise), Malakoff.
Laloua (Mlle).
La Lyre, Paris.
Lallemand (Mme), Marines.
Lambert (Mme Joseph).
Lambert (Henri).
Lambert.
Lamore (Mlle Louise).
Lamy (Mlle Aline), Paris.
Landeau (Rémy).
Landmann.
Langlois.
Laperche (Mme).
Laray (Mme).
Larcher (Mme).
Larcher.
Larive (Mme).
Larrue.
Laurent, Paris.
Lauvernay (Mlle), Paris.
Léal (Mlle G.), Paris.
Leblanc, Paris.
Leblanc E., Paris.
Le Ble (Mlle), Paris.
Lebœuf (Mme).
Le Bou'ch.

Lecesne, Etampes (Seine-et-Oise).
Lechevallier, hôtel des postes.
Lecomte, Paris.
Ledoux, Jouy-en-Josas.
Ledoux (Mme), Jouy-en-Josas.
Ledoux (Mlle Marthe), Jouy-en-Josas.
Ledoux (Maurice), Jouy-en-Josas.
Ledru.
Lefebvre (Edouard).
Lefebvre (Mme).
Lefebvre (Mme).
Lefebvre - Glaize (Mme). Paris.
Lefèvre (Alfred).
Lefèvre (Mlle).
Lefèvre (Mlle Blanche).
Lefort.
Legou (Mme).
Legrand (Maxime), Etampes.
Lejeune (Mme).
Lejeune (Mme).
Lemaréchal (Mme).
Le Marié, Paris.
Lemaire (Charles).
Lemaitre (Mlle Madeleine) Paris.
Lemaitre (Mlle Jeanne), Paris.
Lemut (Jules), à Lyon et à Versailles.
Lenoir.
Lenoir (Mme).
Léonard.
Lépine (Mme).
Lépine (Alfred).
Lepoitevin.
Lerond (Mme).
Leroux (Albert), Paris.
Leroux (René).
Leroux (Paul).

Leroy (Henry).
Leroy.
Leroy (Théodore), Mar-
  coussis.
Le Royer, Meaux.
Lesieur, Saint-Vrain.
Lesieur (Mme), Saint-Vrain.
Lesieur (Mme), Paris.
Lesieur (Mme Emile), Bou-
  lineau (Seine-et-Marne).
Lesieur (Emile), Boulineau
  (Seine-et-Marne).
Letourneur (Mme).
Levy.
Leyendecker (Paul).
Lhomede.
L'huer, Paris.
L'huillier (le commandant),
  Châlons-sur-Marne.
Liard, Etampes.
Loghadès (Mme de), Paris.
Loiseau (Mme), Paris.
Lorillard.
Louchet (Paul), Herblay.
Louppe (Mlle), Paris.
Loustaunau.
Louvard.
Luce (Louis).
Mahias.
Mainguet (Mme).
Mancini, Paris.
Manuel (André).
Manuel (Mme).
Manuel (Georges).
Many (Mme), Paris.
Marcille.
Maréchal (Gabriel), Poissy.
Marin (Mlle), Paris.
Marque (Mme).
Marque fils (César).
Marque (Mme César).
Marquis.
Martin.
Martin.
Martinon (Mme).
Masson (Mme).

Masson (Arthur), Pontoise.
Masson.
Masson (Mme).
Masson (Ferdinand), Paris.
Materre.
Materre (Mme).
Matignon (Mme).
Mayne (Mme Alice), Paris.
Mayre (Charles), Meaux.
Mazinghien.
Meinadier (le colonel).
Ménager.
Mendiboure.
Mérault.
Mercier, Marcoussis.
Messines (le pasteur).
Meunier.
Meunier.
Meunier (Mme).
Miaux.
Michon (Mlle Clémence),
  Paris.
Mignot.
Millet (Mme Emile).
Minier (Mlle), Paris.
Moinot.
Monod (Gabriel).
Mony (Adolphe-Stéphane),
  Paris.
Moreau (Albert).
Moreau (Mme Albert).
Moreau (Emile).
Morel.
Moujon - Gauvin (Mme),
  Paris.
Mousset (Mme).
Moutet, Paris.
Muller.
Muny (Charles).
Nansot, avoué.
Naudet.
Naudet (Mme).
Nolhac (Mme de).
Norman (Mme), Mantes.
Oblin.
Ogez (Mme).

Olaria, Paris.
Olivier, Paris.
Orbinot.
Ottenheim.
Ottenheim (L.).
Paget (Mlle), Paris.
Paillottet (Mme).
Paisant.
Paisant (Mme).
Pajard.
Pallandre.
Pallandre (Maurice).
Palmer.
Paris (docteur).
Paris (Mme).
Paris (Mme Louis).
Parisot.
Parisot (Mme).
Passet (Charles).
Pavant (Fourcault de).
Pecquerie.
Peert.
Pelleger (Mlle), Paris.
Pellerin.
Penol, Pontoise.
Peraté (Mme Thérèse), Paris.
Perdrieux.
Perdrieux (Mme).
Perichot.
Perinard (Ed.).
Perrier (vicomtesse de Saint-), château de Morigny, près Étampes.
Perruy.
Petillion, Paris.
Pétin (Mme Albertine).
Petit (Albert).
Petit (l'abbé), Étampes.
Peynaud.
Peytel (Mme), Paris.
Picard (Mme).
Pichot.
Picquet.
Pierre (Henri).
Pierret (Mme).
Pihan, Marnes-la-Coquette.

Pillette.
Pinault.
Pinault (Mme).
Piry.
Pithon.
Placet.
Placet (Mme).
Plée (le major).
Ploix (Adolphe).
Ploix (Mme Adolphe).
Pochon (Mme).
Poisson (Mlle Léonide).
Ponal.
Ponsard (le colonel).
Pousin (Mlle Camille).
Postel-Grusse (Mme).
Potage.
Pothier.
Potin (Mlle Charlotte), Neuilly-sur-Seine.
Potin (Mlle Marthe), Neuilly-sur-Seine.
Potin (Mlle Suzanne), Neuilly-sur-Seine.
Pounot.
Pousset, Paris.
Pressoir.
Préval (de).
Prévot-Valeri, Paris.
Prodhomme (Ferdinand).
Puig (Mlle Marthe), Redon. (Il.-et-Vil.).
Pyne (lady).
Quentin fils.
Quéro (Albert).
Quéro (Mme).
Quillet (Ferdinand), Paris.
Rabourdin.
Rameau (Paul), député.
Ramin.
Ramin (Mme).
Ravault (René), Étampes.
Raymond-Signouret.
Reibel (Mlle), Paris.
Remilly (le docteur).
Rémond (Jean), Viroflay.

Renaud (Emile).
Renaud (Mme Emile).
Renault (Victor).
Renault (Gaston).
Reniaud.
Reniaud (Mme).
Reynoud.
Richaud (J.).
Richaud (Mme).
Riché.
Risler (Charles), Paris.
Rivière.
Rivoli (duchesse de), Paris.
Roche.
Rochette.
Rochette (Mme E.).
Rochette (Mlle L.).
Rœderer.
Roger, Meulan.
Roger (Mme). Meulan.
Romilly (Worms de), Paris.
Roubinet (Mme).
Roubinet (Hippolyte).
Roubinet (Albert).
Roure de Paulin (vicomte
  du).
Rousseau.
Rousseau (Eugène), Saint-
  Léger-en-Yvelines.
Rousseau (Mme Eugène).
  St-Léger-en-Yvelines.
Routier (le colonel).
Royer (Mme Jeanne).
Roë.
Saglier (Mlle), Paris.
Salleron (Léon).
Salleron (Mme).
Sayvé (Abel).
Scourlowy.
Sérendat de Belzim, Paris.
Serre (Georges).
Sigaut (Jules), Gentilly.
Sigaut (Mme Jules), Gen-
  tilly.
Silvestre.
Sivry (de).
Sortais.
Sortais (Mme).

Tabourdeau.
Taconnet (Mlle).
Taffoureau, Dourdan.
Talbot (Mme).
Taillandier (Mlle).
Tamburini.
Taphanel.
Tardif.
Tauzin, Bellevue et Paris.
Tchoumakoff, Paris.
Terrade (Albert).
Terrade (Mme Albert).
Terrade (Mme).
Terrade (Charles).
Terrade (René).
Thibal.
Thiou (le général).
Thiry (Mme veuve).
Thouet (Charles), Louviers,
  Eure.
Thouet, née Gautier (Mme
  Charles), Louviers.
Thurssanger (Mme), Paris.
Tiesse (Mme).
Timmermans, Paris.
Tissu.
Touchard fils, Paris.
Touchard (Mme), Paris.
Toulier.
Tournade.
Tournay (Mlle), Paris.
Triboulet.
Triponel (Mme Marie).
Trocherie, à Chaville.
Truffaut (Albert).
Turquet.
Tytgat, Paris.
Valade (Mme).
Vaast.
Vaugrente (Dr).
Vernot.
Vernot (Mme).
Veron (l'abbé). à Saint-Lé-
  ger-en-Yvelines.
Wannez (Edouard).
Yot (le Dr).
Zimmermann.
Zuber-Buhler, Paris.

SOCIÉTÉ DES AMIS DES ARTS

DE SEINE-ET-OISE

La Société des Amis des Arts de Seine-et-Oise a pour but de favoriser le progrès des beaux-arts dans le département, et d'en propager le goût par des expositions publiques, par l'acquisition, à ces expositions, des ouvrages les plus remarqués ; par des manifestations et des publications artistiques, et par tous les moyens qui lui sembleront les plus propres à atteindre le but qu'elle se propose.

Les tableaux, sculptures, dessins, gravures et objets d'art, achetés par la Société aux expositions ci-dessous spécifiées, sont partagés par la voie du sort entre ses membres, en assemblée générale.

La Société se compose de membres titulaires, honoraires et correspondants.

Les titulaires s'engagent à payer une cotisation annuelle de *dix francs* ; le paiement de cette cotisation donne droit à la remise d'un titre portant un numéro qui participe au tirage au sort des lots acquis par la Société.

Chaque sociétaire peut prendre, en outre de ce premier titre, un ou plusieurs titres de même valeur, afin d'ajouter à ses chances pour le tirage au sort.

L'admission dans la Société ne peut avoir lieu que sur la présentation écrite de deux de ses membres. Cette présentation devra être faite un mois au moins avant l'assemblée générale réglementaire.

Les ressources de la Société se composent principalement du montant des cotisations annuelles, des recettes des expositions, des subventions allouées par l'État, le département et les communes.

Les fonds de la Société sont employés :

1° A organiser des expositions publiques ;

2° A acquérir les tableaux, gravures, sculptures et autres objets d'art qui auront été choisis dans ces expositions ;

3° A donner à titre de récompense, et quand il y a lieu, des médailles ou autres marques d'encouragement aux artistes ;

4° A récompenser également, par des médailles ou autres marques d'encouragement, les instituteurs du département reconnus pour avoir fait pratiquer avec le plus de succès l'étude du dessin dans leurs écoles ;

5° A alimenter la caisse de secours fondée par la Société pour venir en aide à des artistes malheureux, à leurs veuves ou à leurs jeunes enfants.

RÉCOMPENSES

DÉCERNÉES A L'EXPOSITION DE 1896.

Diplômes d'honneur.

MM. RICARDO DE LOS
    RIOS.
    QUINTON.
    RENAULT, Gaston.
    SIMONNET.
    TIMMERMANS.

Prix du Salon.

M. ZUBER-BUHLER.

Médailles de vermeil.

M. DIDIER, Pouget.

Rappels.

MM. BIVA.
    COUTY.
    GRAVIER.
    HUBER.
    MAYRE.
    OLARIA.
    PALLANDRE, Maurice.

1ᵉˢ Médailles d'argent.

MM. BORREL.
    FORMANT.
    RENARD-BRAULT.

Rappels.

Mˡˡᵉ BILLOTEY.

2ᵉˢ Médailles d'argent.

Mˡˡᵉˢ CABARUS.
    LAMORRE.
M. MALTERRE.
Mᵐᵉ PICART.
M. RAMIN.

3ᵉˢ Médailles d'argent.

Mˡˡᵉ BASTIEN.
Mᵐᵉ BRIÈS.
MM. BRISGAND.
    DUSOUCHER.
Mˡˡᵉ DUSSEUIL.
MM. GUIGNERY.
    HENRY.
Mᵐᵉ ITASSE.
Mˡˡᵉˢ LAMY.
    LAPOINTE.
MM. MAZARD.
    DE PERIER.
Mᵐᵉ PEYTEL.
Mˡˡᵉˢ RAMSAY-LAMONT.
M. ROULLIER.
Mᵐᵉ VILLAIN

Rappels.

M. FOULQUIER.
Mˡˡᵉˢ ROYER.
    TOURNAY.

Mentions honorables.

Mlle BOREL.
M. BOUARD.
Mlles BUCQUET.
CARLIER.
Mmes COLOMBO-BILLOTEY
Mlle DUPONT-BINARD.
M. FOURNIER.
Mme FOYOT-D'ALVAR.
MM. GAVIN.
GÉBLEUX.

M. GODEFROY.
Mlles MALFILATRE.
MARÉCHAL.
MM. MULERTT.
MASSON.
ORLIAC
Mlle PAGET.
M. PREVOST.
Mme ROUAIX-DUNEAU.
Mlles SCHLATTER.
SCHWARTZENBERGER
VALLAYER-MOUTET

CATALOGUE INSTANTANÉ

(Système Raymond Signouret)

DES

ŒUVRES EXPOSÉES

en JUILLET, AOUT et SEPTEMBRE 1896

DANS LES

Salles nᵒˢ 41, 42, 43, 44 et 45 du Musée de Versailles

(REZ-DE-CHAUSSÉE)

Dans le présent Catalogue a été introduite une innovation destinée à rendre très facile, pour chaque visiteur, la recherche des tableaux auxquels il s'intéresse plus particulièrement ou qu'il désire examiner avant tous les autres.

Voici l'explication de ce procédé, dû à l'un des membres du Conseil d'administration de la Société des Amis des Arts, M. Raymond Signouret :

Chaque tableau porte *deux* numéros : l'un *noir*, l'autre *rouge* ; le numéro *noir* est celui sous lequel l'œuvre est inscrite au catalogue alphabétique des artistes exposants ; le numéro *rouge* est un numéro de repère. Tandis que, sur les murs, une fois les tableaux mis en place, les numéros *noirs* sont bouleversés, ne se suivent plus, et qu'il n'est par conséquent possible

2

de retrouver celui dont on a besoin qu'après d'interminables recherches, les numéros *rouges*, au contraire, se succèdent, — dans chaque salle, — suivant l'ordre arithmétique rigoureux, sans aucune interruption, horizontalement, de gauche à droite et de haut en bas, de sorte que chacun d'eux peut être trouvé immédiatement, sans aucune hésitation, sans aucun tâtonnement.

Dans le Catalogue, ce second numéro est imprimé *à la suite* de la légende qui explique le sujet de chaque œuvre et du numéro qui indique la salle dans laquelle cette œuvre est placée.

Tous droits réservés.

M. Raymond Signouret étant membre de la Société des Gens de Lettres, son procédé ne peut être utilisé que par les personnes ayant obtenu de l'auteur et de cette Société les autorisations nécessaires.

PEINTURE

Achenbach (Gabriel), 84, rue Lauriston, Paris.

1 — Etude jeune fille empire. — S. 44. Nº 105.
2 — Œillets et mimosas. — S. 42. Nº 88.

Adam (Gaston), 25, rue d'Ulm, Paris.

3 — Au bord d'une source. — S. 42. Nº 26.

Alfassa (Mlle Mirra), 3, square du Roule, Paris.

4 — Portrait. (Voir dessins.) — S. 42. N° 2.

Allongé (Auguste), 103, boulevard Mont-parnasse, Paris [H. C.].

4 *bis* — Forêt de Fontainebleau, S. 42. N° 62.

Arosa (Marguerite), 1, rue Juliette Lamber, Paris.

5 — Fond de vallée. — S. 44. N° 59.

Assignies (Albert d'), Brans par Montmirey (Jura).

6 — Arles (la porte du cimetière). — S. 44. N° 73.
7 — Crépuscule en Franche-Comté. — S. 42. N° 39.

Asti (Angelo), 33, rue Bayen, Paris-Ternes. [V. 2ᵉ méd. d'argent, et Rappel.)

8 — Au travail. — S. 42. N° 74.
9 — Le Repos. — S. 43. N° 84.

Baird (William), 3, rue d'Odessa, Paris. [V. 2ᵉ méd. d'argent].

10 — Près de la ferme (poules). — S. 44. N° 44.
11 — En Bretagne (moutons). — S. 43 N° 83.

Barbichon (A.), 19, rue Saint-Pierre, Versailles. (S^{re}.)

12 — Etude de faisan. — S. 43 N° 31.
13 — Dans les fossés de la Forçonnerie.— S. 43 N° 7.
14 — Portrait-médaille de Mlle M***.
    (Voir plâtres.)

Barré (Aristide), Trappes (Seine-et-Oise), e
    chez Mme Chabot, 20, rue Jacob, Paris.

15 — Pendant l'office. — S. 44 N° 37.

Barthel (Jacques), 4, rue Saint-Honoré, Versailles (S^{re}.)

16 — Nature morte. — S. 42 N° 37.

Baye (Pierre-Alphonse), 23, rue Charles V,
    Paris. [V. 3e méd. d'argent.]

17 — Chez un avocat. — S. 44. N° 65.
18 — Dahlias. — S. 44. N° 17.

Beaucerf (Blanche), 26, rue des Réservoirs,
    Versailles. [V. 2° méd. d'argent.] (S^{re}.)

19 — Cerises. (Voir aquarelles). — S. 44. N° 122

Beaufond (Inès de), 11, quai Bourbon,
    Paris. [P. M. II. — V. M. II.)

20 — Portrait de mon père. — S. 43. N° 48.

Belet (Emile), 71, Grande-Rue, à Sèvres
(Seine-et-Oise).

21 — Eléphants traversant un fleuve débordé. — S. 43.
N° 44.

Bellan (H.-Ferdinand), 14, rue des Fossés-
Saint-Bernard, Paris. [V. deux 2es méd.
d'argent et Rappel.)

22 — Souvenir de Cancale. — S. 43. N° 29.
23 — Lavoir de Créteil. — S. 44. N° 6.

Bénard (Marcelle), 98, rue de Maubeuge,
Paris.

24 — Etude. — S. 44. N° 35.

Bergeret (Pierre-Denis), 26, rue Victor-Massé,
Paris. [P. H. C. — V. diplôme d'honneur.]

25 — Figues. — S. 44. N° 124.
26 — Prunes. — S. 43. N° 70.

Bergerot (Mme Louise), 39, rue Franklin,
Passy-Paris. (Sre).

27 — Aiguière et fruits. — S. 44. N° 16.

Bernard (Mlle Marguerite), 13, place Hoche,
Versailles. (Sre.)

28 — Paysage. — S. 43. N° 51.

Biva (Paul), 12, rue d'Hauteville, Paris. [P. M. — V. méd. de vermeil].

29 — Roses. — S. 44. N° 103.
30 — Chrysanthèmes. (Voir gouaches.) — S. 43. N°67.

Blanchet-Magon (Mme Marie), 6, avenue de la Motte-Picquet, Paris.

31 — Fleurs. — Iris et boule de neige. (Voir pastels.) — S. 44. N° 47.

Blois (Georges-Paul), chez MM. Lefranc et Cie, 64 et 66, rue de Turenne, Paris.

32 — Matinée de juin, bords de l'Isle, bac de Campmac, près de Périgueux (Dordogne). — S. 43. N° 49.

Bonnefoy (Adrien-Adolphe), 3, rue de Bretonvilliers, Paris. [V. 2e méd. d'argent.]

33 — Les caloges à Etretat. — S. 44. N° 34.
33 *bis* — Les coupeurs d'échalas (Voir aquarelle.) — S. 43. N° 30.

Borel (Elisabeth), 73, rue Royale, Versailles. [V. M. H.]

34 — Les bords de la Vilaine. — S. 44. N° 14.

Borrel (Marius), 21, rue Rochechouart, Paris. [P. M. H. — V. 1re méd. d'argent.] (Sre)

35 — La répétition. — S. 44. N° 138.

Bourgogne (Pierre), 32 *ter*, rue de Brancas,
   Sèvres (Seine-et-Oise). [P. H. C. — V. H.
   C.]

36 — Fin de saison. — S. 43. Nº 74.

Bourgogne (Georges), 27, rue Saint-Jean,
   Douai (Nord). [P. M. H. — V. M. H.]

37 — Brioches. — S. 44. Nº 115.

Bousquet (Charles), 7, rue de la Pompe, à
   Paris.

38 — Pleine mer, à Trestraou (Bretagne). — S. 44.
   Nº 7.
39 — Une route au printemps (Meudon). — S. 42.
   Nº 51.

Brien (Jules), 17, rue de la Chapelle, à Malakoff (Seine).

40 — Machine à battre (étude).
41 — Clairière au bois de Clamart (étude).

Brunet (Mlle Sophie), à Parmain (Seine-et-
   Oise). [V. M.]

42 — Panier de fleurs. — S. 43. Nº 40.

Bucquet (Antoinette), 12, rue Paul Baudry, Paris. [V. M. H.].

43 — Panneau de roses. — S. 41. N° 1.

Bury (Armand), 20, rue du Regard, Paris.

44 — Portrait de l'auteur. — S. 44. N° 52.

Cadet (Mlle Marie), 41, rue du Pré-Saint-Gervais, Paris.

45 — Roses et œillets. — S. 43. N° 45.

Cahen (Mathilde), 72, rue Vallier, à Levallois-Perret (Seine).

46 — Jeune artiste. — S. 42. N° 58.

Caire (Jean), 33, rue de Turin, Paris.

47 — Blés murs.

Caire (Mme Marie), 33, rue de Turin, Paris. [V. 3° méd.]

48 — Le Réveil.

Callot (Jean-Baptiste), 22, rue du Parc de Clagny, à Versailles.

49 — Maison du Garde à Tronchoy (Haute-Marne). (Voir pastels.) — S. 43. N° 1.

Carlier de Abaunza, à Brévannes (Seine-
et-Oise).

50 — Moutons au repos. — S. 43 N° 36.

Carron de la Carrière (Hélène), 1, rue
Berthier, à Versailles.

51 — Trumeau. — S. 43. N° 27.

Cartier (Karl), 144, rue de Longchamp, Paris.
[P. 3° méd]

52 — La berge du quai d'Orsay et le Louvre. —S. 44.
N° 11.
53 — L'embarcadère du Touriste quai d'Orsay. (Voir
pastel). — S. 44. N° 72.

Caspers (Mlle Pauline), 16, rue de Plaisance),
Nogent-sur-Marne (Seine). [V. 3° méd.
d'argent.] (Sro).

54 — Fleurs et fruits. — S. 43. N° 43.
55 — L'Eglise Saint-Nicolas à Boulogne. (Voir fusains.
—S. 45. N° 76.

Castex (Mlle Marie), 52, avenue de Toulouse,
à Montpellier (Hérault).

56 — Etude sur les tours de Notre-Dame de Paris. —
S. 83. N° 62.

Célérier (Edouard), 54, quai de Billy. [V.
2ᵉ méd. d'argent et rappel] (Sᵗᵉ).

57 — Etude. — S. 44. Nº 129.
58 — Environs de Cannes. — S. 42. Nº 24.

Charier (Marie), 41 *bis*, rue Saint-Honoré, à
Versailles (Seine-et-Oise). (Sᵗᵉ.)

59 — Lilas. — S. 42. Nº 14.

Charier (Marthe), 41 *bis*, rue Saint-Honoré,
Versailles.

59 *bis*. — Bouquet d'iris. S. 43. Nº 54 *bis*.

Chaumet-Sousselier (Marie), 147, avenue
du Roule, Neuilly-sur-Seine.

60 — Chrysanthèmes. (Voir pastels.) — S. 42. Nº 27.

Chirade-Devore (Mme Marie-Denise), 30,
boulevard Bourdon à Neuilly-sur-Seine.

61 — Pavots. — S. 43. Nº 45.
62 — Chrysanthèmes. — S. 43. Nº 84.

Chovet (Hélène), 30, rue Dulot, Paris.

63 — Fleurs. — S. 43. Nº 13.

Clavel (Emile), Villa-aux-roses, Suresnes (Seine).

64 — Les bords de la Bourne (Villard de Lans).—S. 44. N° 119.

Coquet (Mlle Aline), 3, rue Victor-Hugo, Pontoise (Seine-et-Oise). (S^{re}.)

65 — Chrysanthèmes. — S. 44. N° 42.
66 — Pêches. — S. 44. N° 13.

Couty (Frédéric), 69, rue Lemercier, Paris. [V. méd. de vermeil et rappel.]

67 — Aubépine. — S. 43. N° 94.
68 — Une ruelle à Semur (Côte-d'Or).—S. 44. N° 107.

Croizet (Eugène), 125, rue de Paris, à Villiers-sur-Marne (Seine-et-Oise).

69 — Portrait de M. H***.
70 — Portrait du cardinal Lavigerie.

Cuisant (Charles), 11, boulevard du Roi, Versailles. [V. M. H.]

71 — Parc de Versailles (le Combat des animaux). — S. 44. N° 152.
72 — Parc de Versailles (vue prise sur la terrasse du parterre d'eau).— S. 43. N° 100.

Daltroff (Mlle Lucie), 2, rue de Versailles, Ville-d'Avray (Seine-et-Oise). (S^re).

73 — Au joli mois de mai. — S. 41. N° 18 *bis*.

Danard-Puig (Mme Marthe), 48, rue Nationale, Fougères (Ille-et-Vilaine). [V. M. H.] (S^re.)

74 — Premières fleurs de printemps. — S. 42. N° 55.
75 — Bouquet de salon. — S. 43. N° 18.

Dargent (Henri), 20, boulevard Jourdan, Paris. (S^re.)

76 — Paysage (Etude). — S. 43. N° 3.

Decroix (Alfred-Emile), 15, Grande-Rue, Enghien-les-Bains (Seine-et-Oise).

77 — Vase du garde-meuble. S. 43. N° 63.
78 — Pêches, raisins, etc. S. 45. N° 83.

Delabarre (Eugène), 32, avenue de Wagram, Paris.

79 — Portrait de M. Eugène Lefebvre. — S. 43. N° 52.

Delacroix-Garnier (Mme).

80 — Portrait de M. X***. — S. 43. N° 74.

Delahogue (Alexis-Auguste), 15, rue Grange-Batelière, Paris.

81 — Les bords de l'Anglain. (Voir pastels.) — S. 45. Nº 37.

Delahogue (Eugène-Jules), 15, rue Grange-Batelière, Paris. [V. 2ᵉ méd. d'argent].

82 — Bords de l'Eure à Léry. — S. 42. Nº 75.
83 — La Seine à Porte-Joie (Eure) (Normandie). — S. 42. Nº 15.

Delaistre (André), 170, faubourg Saint-Honoré, Paris. [V. M. H.]

84 — Les bords du Loing (Seine-et-Marne). — S. 44. Nº 80.
85 — Citrons. — S. 43. Nº 80.

Delétang (Robert).

85 *bis* — Portrait de M. C***. — S. 45. Nº 47.

Desauty (Henriette), 41, rue Laffitte, Paris. [V. 1ʳᵉ méd.] (Sʳᵉ).

86 — La Soupe (Matin d'hiver en Normandie). (Voir pastels.) — S. 42. Nº 8.

Deturck (Henri), 33, rue Saint-Pierre, Coutances (Manche).

87 — Confidence. — S. 44. Nº 21.

Deuilly (Eugène), 9, impasse du Maine, Paris.
[P. H. C. — V. prix du Salon et diplôme
d'honneur.]

88 — Velléda. — S. 43. N° 78.

Didier (Clovis), 16, rue Alexandre Lange, Versailles. [V. H. C.] (S^{re}).

88 *bis* — A Trianon. — S. 42. N° 94.
89 — Palais de Versailles (Salon de la Guerre). —
S. 42. N° 69.

Didier-Pouget (William), 12, boulevard de
Clichy, Paris. [P. méd. 3e classe. — V.
méd. d'argent 1894, méd. de vermeil 1895].

90 — Le Passage à niveau (effet de soir). — S. 44.
N° 75.

Dinguidar (Mlle Gabrielle), 3, rue Vergniaud,
Bordeaux.

91 — Envoi de Nice. (Voir pastels.) — S. 43. N° 25.

Donnadieu (Jeanne), 17, rue Victor-Massé,
Paris. [P. M. H. — V. 1re méd. d'argent et
Rappel.] (S^{re}.)

92 — Portrait de Mlle L***. — S. 44. N° 68.
93 — Etudiante. — S. 44. N° 110.

Dornois (Albert), 192, boulevard Malesherbes, Paris. [P. M. H., E. U. — V. M. H.]

94 — Théâtre romain découvert à Timgard, en Numidie (sud de Constantine). — S. 45. N° 85.
95 — La rivière de Biskra. (Voir fusains.). — S. 45. N° 96.

Dubost (Hélène), 65, rue Demours, Paris.

96 — Etude. — S. 45. N° 16.
97 — Portrait de Mlle ***. — S. 43. N° 54.

Dubuisson (Albert), 53, rue Cardinet. Paris. [P. M. H.]

98 — Un verger. — S. 43. N° 33.

Dufau (Clémentine-Hélène), 12, rue Pergolèse, Paris. [P. M. H.] — [V. 1re méd. d'argent.]

99 — Berge de banlieue. — S. 44. N° 70.
100 — En Gascogne. — S. 42. N° 52.

Dupain (Edmond), ✳, 152, boulevard Montparnasse, Paris. [P. H. C.]

101 — Fleurs (œillets jaunes et roses). — S. 44. N° 90.
102 — La Bièvre à Arcueil. — S. 44. N° 131.

Dupont-Binard (Mlle Geneviève`, 17, rue de l'Arc-de-Triomphe, Paris. — 6, boulevard de la Reine, Versailles. [V. M. H.] (S^{re}.)

103 — Portrait de M. le pasteur E. Bersier. — S. 43. N° 39.

104 — Portrait de M. Jules Caze. — S. 44. N° 64.

Dusseuil (Mlle Léonie), 10 *bis*, rue Vavin, Paris. [V. 3e méd. d'argent.]

105 — Portrait de M. le chanoine Guéneau (voir pastels.) S. 42. N° 49.

Faass (Jeanne), 39, rue Pigalle, Paris. (S^{re}.)

106 — Cour de ferme. — S. 44. N° 63.

Feldtrappe (Henri), 9, rue Pelouze, Paris, et aux Loges-en-Josas (Seine-et-Oise.) (S^{re}.)

107 — Rêves. — S. 44. N° 39.

108 — Etang du Menil-Hubert (Orne.) — S. 43. N° 6.

Féquant (Eugène), 8, rue Chappe, Paris.

109 — Paysage (automne.) — S. 42. N° 57.

Fichel (Mme Jeanne), 32, rue Beaurepaire, Paris.

110 — Taquinerie. — S. 42. N° 80.

Firnhaber (Mme Elise), 42, avenue du Che-
   min-de-Fer, Chatou (Seine-et-Oise.) (S^re.)

111 — Le champagne. — S. 43. N° 12.

Formant (Edmond), 2, rue Victor-Chevreuil,
   Paris (Bel-Air), et 135, rue Michel-Bizot,
   Paris. [V. 1re méd. d'argent.]

112 — Le bout du pont à Guérard (Seine-et-Marne).
   — S. 43. N° 24.
113 — Bords de Marne à Port-Créteil. — S. 43.
   N° 64.

Foulquier (Valentin), 9, avenue de Paris,
   L'Isle Adam (Seine-et-Oise). [P. 3e méd. —
   V. 3e méd.] (S^re.)

114 — Les Sauveteurs. — S. 43. N° 47.

Foyot-d'Alvar (Mme Madeleine). 15, rue
   Vivienne, Paris. [V. M. II.] (S^re.)

115 — Cueillette de pivoines. — S. 44. N° 51.
116 — Nature morte. — S. 43. N° 85.
116 *bis* — Roses offertes par l'auteur pour la tombola.
   — S. 44. N° 58.

Gagé (Sophie), 9, rue Linné, Paris. (S^re.)

117 — Nature morte (dessus de porte). — S. 43. N° 17.
118 — Fleurs et livres. — S. 44. N° 20.

Gallina (Eugène), 342, rue Saint-Jacques, Paris.

119 — Hiver (étude). — S, 43. N° 119 *bis*.

Gascard (Léon), 61, boulevard d'Italie, Paris.

120 — Nature morte (potiron). — S. 44. N° 78.

Génin (Amédée), à Brunoy (Seine-et-Oise).

121 — La rue Saint-Bernard à Hyères (Var). — S. 43. N° 72.

Gibert (Louise), 55, avenue Victor-Hugo, Paris.

122 — Nature morte. — S. 44. N° 48.

Gilquin (Albert), 9, boulevard Bourdon, Paris, et à La Ferté-sous-Jouarre (Seine-et-Marne).

123 — Les oies du p'tit François. — S. 44. N° 106.

Gontier (Emile), 2, rue des Réservoirs, Versailles. [V. M. H.]

124 — Avant l'orage. (Voir sculpture.) — S. 44. N° 126.

Gounin (Henri). 70 *bis*, rue Notre-Dame-des-Champs, Paris. [P. M. II. — V. 1re méd. d'argent.]

125 — Les vieilles feuilles, bois du Vésinet (Seine-et-Oise). — S. 42. Nº 90.

Grasset (Auguste), 55, avenue de Bonneuil, La Varenne-Saint-Hilaire (Seine). [V. M. II.]

126 — L'église et l'ossuaire de Trégastel. — S. 45. Nº 84.

127 — Quatre études de la Bretagne. — S. 44. Nº 130.

127 *bis* — Croix de Vic et Clisson (offert à la tombola). — S. 42. Nº 78.

Grossin (Paul), 5, cité du Cardinal-Lemoine, Paris.

128 — Bords de la Marne à Chelles (Seine-et-Marne), (Voir pastels.) — S. 44. Nº 36.

Guignery (Gustave). 16, rue de la Grande-Chaumière, Paris. [V. 3e méd.]

129 — Village bourguignon. — S. 42. Nº 54.

130 — Bords de l'Armançon (Côte-d'Or). (Voir gouaches) — S. 43. Nº 68.

Guilmet (Albert), 17, rue Albouy, Paris, chez
M. Billault.

131 — Nature morte. (Voir aquarelles.) — S. 42 N° 7.

Hain (Mlle Marguerite), 9, rue Neuve-Saint-
Patrice, Rouen. [V. 3e méd. d'argent.]

132 — Corbeille de rhododendrons. — S. 42. N° 14.
133 — Coupe de lilas. — S. 42. N° 20.

Hart (Mlle Emily), 14, avenue Hoche, Paris.
[V. méd. d'argent. Rappel.]

134 — Petit mendiant. — S. 42. N° 84.
135 — Tête de Moine. — S. 44. N° 5.

Hodebert (Léon), 114, boulevard de Vaugirard, Paris. [V. méd. de vermeil.]

136 — Dormeuse. — S. 44. N° 118.

Huber (Léon), 15, rue Cauchois, Paris-Mont-
martre. [V. méd. de vermeil et Rappel].
(S^re).

137 — Homard et cuivre, etc. — S. 44. N° 102.
138 — Chasselas (raisins Fontainebleau) — S. 44. N° 99.

Huet (Marie), 112, boulevard Malesherbes,
Paris. [V. 2° méd. d'argent.]

139 — Portrait de Mme B. — S. 42. N° 18.
140 — Portrait de Loulou B. (Voir pastels.) — S. 43.
N° 72.

Izarn (Mlle Laure), 65, rue Berthier, Versailles
(S^{re}).

141 — Composition de fleurs pour panneaux de paravent.
— S. 43. N° 88.

Iwill (Marie-Joseph, ✳) 11, quai Voltaire, Paris [H. C.]

142 — Morsalines (Manche). Le Moulin. — S. 43.
N° 60.

Jeannin (Georges), 32, rue des Dames, Paris
[P. H. C. — V. H. C.]

143 — Roses. — S. 42. N° 68.
144 — Pensées. — S. 42. N° 70.

Julien (Anna), 39, boulevard du Château
(Neuilly-sur-Seine). [V. M. H.] (S^{re}).

145 — Sous bois dans la forêt de Fontainebleau. —
S. 45. N° 48.
146 — Etude de paysage (Voir lithographies.) — S. 44.
N° 18.

Junière Gilgencrantz (Mme Adèle), 6, rue
des Chantiers, Versailles. [V. M. H.] (S^{re}).

147 — Portrait de Monsieur C. — S. 42. N° 56.

Kuwasseg (Charles), 32, rue des Dames, Paris [P. méd. 3º classe].

148 — Canal à Villevorde, près de Bruxelles (Belgique). — S. 43. Nº 82.

149 — Vue à Montigny-sur-le-Loing (Seine-et-Marne). — S. 43. Nº 77.

Lagrost (Marguerite), 20, rue de la Victoire, Paris.

150 — Portrait de Mlle L'Hermitte. — S. 44. Nº 1.

151 — Chrysanthèmes. — S. 48. Nº 61.

Lamorre (Mlle Louise), 2, rue du Gouvernement, Versailles. [V. 2ᵉ méd. d'argent et rappel.] (Sʳᵉ).

152 — Portraits. — S. 45. Nº 105.

153 — Jardin du Roi (Parc de Versailles). — S. 44. Nº 108.

Landré (Louise), 233, Faubourg-Saint-Honoré, Paris.

154 — Doux souvenir. — S. 41. Nº 32.

155 — Cerises et fraises. — S. 42. Nº 77.

Landeau (Rémy), 14, rue Hoche, Versailles. [V. 2ᵉ méd. d'argent.]

156 — Chevet de Notre-Dame. Pont de l'Hôtel-de-Ville. Chalands au Point-du-Jour.

157 — Plaine dans le Nord. (Voir faïences.). — S. 45.
N° 82.

Lapointe (Mlle Jeanne), 2, rue Crétet, Paris.
[V. 3e méd. d'argent).

158 — Portrait de Mme A... — S. 43 N° 19.
159 — Portraits. — S. 42. N° 82.

Larrue (Guillaume), 11, rue Jacques-Boyceau,
Versailles. [P. M. H. — V. H. C.] (Sre).

160 — La jeune mère. — S. 42. N° 95.
161 — ....? Oui, Monsieur le Maire. — S. 42. N° 93.

Las Cases (Mme Cécile de), 34, rue de Penthièvre, Paris.

162 — Frère Jean du Calvaire, novice. — S. 44. N° 4.

Lauvernay (Mlle Jeanne), 148, rue de Rennes,
Paris (Sre).

163 — Nature morte. — S. 43. N° 86.
164 — Giroflées. (Voir pastels.) — S. 42 N° 29.

Lebrun (Marcel), 58, rue Volta, Paris.

165 — Le boulevard du Palais. Matinée d'automne. —
S. 45. N° 74.
Appartient à M. Seguin.

Lecocq (Mlle Henriette), 6, rue Thénard, à Paris.

166 — Tranche de potiron. (Voir eaux-fortes.) — S. 42. N° 3.

Lecuit-Monroy (Paul), 65, rue de Malte, Paris, [V. 2ᵉ méd. d'argent.]

167 — La côte d'azur près Toulon. — S. 43. N° 119.
168 — Les bords de la Somme près Abbeville. — S. 45. N° 59.

Legrand (Mlle Juliette), 84, rue Notre-Dame-des-Champs, Académie Delécluse, Paris.

169 — Les Oignons. (Voir porcelaines.) — S. 44. N° 24.

Le Poittevin (Louis), 10, rue Montchanin, Paris. [P. II. C.]

170 — Bords de la Seine aux Andelys (Eure). — S. 42. N° 63.
171 — Intérieur de ferme à Etretat (Seine-Inférieure). — S. 44. N° 50.

Le Roy (Henri), 30, avenue de Villeneuve-l'Etang, Versailles. (Sᵣᵉ.)

172 — Vue des bords du Rhin. — S. 43. N° 66
173 — Etude de Bougainville (Alger). — S. 44. N° 29.

Leroy (Jules), 100, boulevard des Batignolles, Paris.

174 — La Fête continue. Appartient à M. Léon Gérard. — S. 43. N° 42.

Le Royer (Léon), 14, rue Saint-Faron, Meaux (Seine-et-Marne). [V. M. H.] (S^{re}).

175 — Plâtrière à Crégy (Seine-et-Marne). — S. 45. N° 75.

176 — Le soir à Mareuil-les-Meaux (Voir aquarelles). — S. 44. N° 62.

Le Villain (Auguste-Ernest), 30, rue Alphonse de Neuville, Paris. [P. M. H. — V. méd. de bronze.]

177 — Moulin de Jarcy (Seine-et-Oise). — S. 43. N° 62.

Leyendecker (Paul), 6, rue Mansart, Versailles. [V. 3° méd. d'argent et Rappel] (S^{re}).

178 — L'arrivée du petit courrier. (Voir aquarelles.) — S. 42. N° 25.

Lobel (Ferdinand de), 46, rue de Pontoise, à l'Isle-Adam (Seine-et-Oise).

179 — Effet de neige. — S. 42. N° 21.

Loiseau (Mme Marie), 5, rue Morère, Paris. [V. 1ᵉ méd.] (Sᵗᵉ).

180 — Portrait de Suzy en Japonaise, souvenir du carnaval. — S. 42. Nº 16.

Louppe (Mlle Léonie), 11, rue Gustave Courbet, Paris. (Sᵗᵉ.)

181 — Fleurs de Nice. — S. 42. Nº 19.
182 — Lilas. — S. 45. Nº 87.

Lux (Dosithé), 171, boulevard Haussmann, Paris.

183 — Raccommodeur de Faïence. — S. 42. Nº 23.

Lyonnet (Henry), 103, boulevard de Montmorency, Paris.

184 — Bords de l'Yonne (paysage). — S. 43. Nº 50.

Madoux (Alfred), 95, boulevard de Montmorency, Paris.

185 — Paysage. — S. 44. Nº 9

Mahler (Paul), 13 *bis*, rue Campagne-Première. Paris.

186 — Pincé (renard pris au piège). — S. 44. Nº 71.
186 *bis* — Setters à l'arrêt. (Voir dessins).

Maissen (Fernand), 46, rue de Dunkerque, Paris. (S^re.)

187 — Cuisine de régiment à Versailles (étude). — S. 44. N° 2.

Malfilâtre (Mme Lucy), 176, rue de Vaugirard. Paris. [V. 2 M. H.]

488 — Neige près Fécamp (Voir aquarelles). — S. 42. N° 89.

Manesse, née **Lecœur** (Marie-Thérèse), 29, rue de l'Abbé-Grégoire, Paris.

489 — Pieds d'alouette, fleurs. — S. 42. N° 76.

Many (Mme Léontine), 21, rue Denfert-Rochereau, Paris. (S^re.)

490 — Brioche et mendiants. — S. 42. N° 50.

Maréchal (Hélène), 5, place des Ternes, Paris. [V. M. H.]

491 — Un ruisseau près de Marlotte (Seine-et-Marne). — S. 44. N° 38.
492 — Un coin d'étang. (Voir aquarelles). — S. 44. N° 31.

Martin (Victor), aux Sablons, près Moret (Seine-et-Marne).

193 — Au rocher brûlé (forêt de Fontainebleau). — S. 43. N° 10.

Mascart (Gustave), 11, rue Constance, Paris. [V. 2ᵉ méd. et Rappel.]

194 — Vue prise à Amsterdam. — S. 44. N° 40.

Masson (Arthur-Edouard-Félix), Parc-aux-charrettes, à Pontoise (Seine-et-Oise). [V. M. H.] (Sʳᵉ).

195 — La neige à Eragny. S. 44. N° 9.
196 — Nesles-la-Vallée. — S. 44. N° 125.

Masson (Henri), 22, rue de Boissy, à Sucy-en-Brie (Seine-et-Oise).

197 — Jeunes filles à marier. — S. 43. N° 11.
198 — L'Hiver dans la côte. — S. 44. N° 14.

Mazard (Alphonse-Henri), 117, rue Notre-Dame-des-Champs, Paris. [V. 3ᵉ méd. d'argent).

199 — Hiver (forêt de Fontainebleau). — S. 42. N° 53.
200 — Les Meules (Ballancourt, Seine-et-Oise). — S. 45. N° 88.

Méchain (Louis), 158, avenue Gambetta, Saintes (Charente-Inférieure).

201 — Vache attachée. — S. 42. N° 28.

Mélot (Auguste), 24, rue Ernest-Renan, Paris.

202 — Aurore de la vie! (Enfants nus). S. 42. N° 17.

Michon (Clémence), 58, rue du Montparnasse, Paris. [V. M. H.]. (Sʳᵉ.)

203 — Nature morte. — S 42. N° 1.

Moluçon (Alphonse), 12, rue Corlot, Paris.

204 — Fleurs de Mai. — S 42. Nᶜ 35.

Monginot (Charles), 7, rue de Bagneux, à Paris. [P. H. C.]

205 — Pêches au sucre. — S. 42. N° 72.
206 — Œufs sur le plat. — S. 44. N° 111.

Moutet (Paul), 30, boulevard du Temple, Paris. [V. 1ʳᵉ méd d'argent.] (Sʳᵉ)

207 — Portrait de M. X. — S. 43. N° 46.
208 — La soubrette indiscrète. — S. 44. N° 117.

Moreaux (Emile), 7, rue du Palais, à Vervins (Aisne). [V. M. H.]

209 — Natures mortes. — S. 42. N° 38.

Mulertt (Eugène), 32, rue des Dames, Paris.
[V. M. H.]

210 — Les Lézards de la place Clichy. — S. 46. Nº 92.
211 — Coup de soleil entre deux averses. — S. 42.
Nº 43.

Nicolas (Mᵐᵉ Marie-Joséphine), 20, rue Godot-
de-Mauroi, Paris. [P. M. H., E. U., V.
1ʳᵉ méd]

212 — Avant la parade. — S. 43. Nº 34.

Olaria (Frédéric), 36, avenue Hoche, Paris.
[P. 3ᵉ méd. de bronze. E. U. — V. méd.
de vermeil et Rappel] (Sʳᵉ).

213 — Relais (levriers russes). — S. 42. Nº 36.
Appartient à Mme de Zugleur.
214 — Scène de basse-cour. — S. 43. Nº 29.

Olivier (Mᵐᵉ Georges), 51, rue Boissiére, P aris.
[V. M. H.] (Sʳᵉ).

215 — Boutons d'or. — S. 44. Nº 15.

Ortiou (Paul), 56, rue Blanche, Paris.

216 — Départ pour le marché. — S. 42. Nº 4.

Oudry (Gustave), rue Richaud, Versailles.

217 — Trompette de dragons de l'Impératrice. — S. 43.
Nº 92.

Page (Sara), chez M. Dupré, 141, faubourg
Saint-Honoré, Paris.

218 — Pensées de Printemps (Voir pastels). — S. 43.
N° 15.

Pallandre (Albert), 40, rue Saint-Louis. Versailles.

219 — Objets romains. — S. 43. N° 89.

Parada y Santin (José), suta, 22, pral Madrid,
Espana.

220 — Y Amigos (Inséparables). —S. 45. N° 94.

Paraire (Richard), 129, rue du Ranelagh,
Paris.

221 — Retour au village (côte d'Ivoire). — S. 45. N° 44.
222 — Halte en forêt (côte d'Ivoire). (Voir dessins).
— S. 45. N° 69.

Parisot (Stanislas), 54, rue Mozart, Paris-
Passy.

223 — Prométhée délivré. « La Liberté délivre l'homme,
tandis que le Mal tombe sous les coups de la
Justice, et que l'Égalité et la Fraternité appellent
les générations nouvelles à un avenir meilleur. »
— S. 42. N° 97.

Paymal-Amouroux (Blanche), 78, avenue de
la Grande-Armée, Paris.

224 — Des nouvelles du garçon. — S. 42. Nº 34.

Pératé (Teresa), 44, rue Delaborde Paris.
(Sʳᵉ).

225 — Fin de moisson. — S. 43. Nº 41.

Pétillon (Jules), 147, Grande-Rue à Créteil
(Seine). [V. méd. de vermeil et Rappel]
(Sʳᵉ).

226 — Rue à Créteil. — S. 42. Nº 71.
227 — L'Orle à Lamalou. — S. 44. Nº 104.

Peytel (Mme Adrienne), 33, rue des Dames,
Paris. [V. 3ᵉ méd. d'argent] (Sʳᵉ).

228 — Etang de Saint-Quentin. — S. 45. Nº 71.
229 — Marine. (Voir pastel.) — S. 44. Nº 41.

Piolat (Mlle Jeanne), 34, rue de Penthièvre,
Paris.

230 — Nature morte : raisin. — S. 42. Nº 32.

Poisson (Léonide), 35, boulevard de la Reine,
Versailles. (Sʳᵉ).

231 — Panier d'abricots. — S. 42. Nº 86.
232 — Vol-au-vent aux écrevisses. (Voir pastel.) —
S. 42. Nº 65.

Poli-Marchetti (Alice), 4, place des Vosges, Paris.

233 — Portrait de Mme de H***. — S. 43. N° 35.

Prell (Walter), 6, rue Boissonade, Paris.

234 — Soir dans les dunes (Côtes-du-Nord). — S. 44. N° 116.
235 — Lever de lune (Côtes-du-Nord). (Voir pastels.) — S. 44. N° 113.

Prevot-Valeri (Auguste), 6, rue Aumont-Thiéville, Paris. [P. M. H. — V. M. H.] (S^re.)

236 — Le Bertrand (salon de 1894). — S. 44. N° 46.
237 — Les Pommiers. — S. 43. N° 90.

Prins (Pierre), 35, rue Rousselet, Paris.

238 — Le vieux lavoir l'hiver. (Voir pastels) — S. 43. N° 4.

Quentin (François), 36, rue de l'Orangerie, à Versailles. [V. M. H.]

239 — Coup de soleil. (Voir fusains.) — S. 42. N° 67.

Quinet (Charles), 64, rue Vieille-du-Temple, Paris. [V. M. H.]

240 — Sous bois à Cernay. — S. 44. N° 33.
241 — Dans les cascades à Cernay. — S. 43. N° 99.

Quinton (Clément), 28, avenue Estibal, Saint-
Maur (Seine). [P. H. C. — V. Diplôme
d'honneur.]

242 — Chemin du Trat, près Clermont (Puy-de-Dôme).
— S. 44. Nº 66.
243 — Chevaux de halage. — S. 44. Nº 67.

Ramin (Octave), 17, rue Hoche. Versailles.
[V. 2ᵉ méd. et Rappel.]

248 — Marlotte au clair de lune. — S. 42. Nº 81.
249 — Une vue de mon atelier. — S. 42. Nº 73.

Ramsay-Lamont (Mˡˡᵉ L.), 7, rue Lemaître, à
Puteaux (Seine). [V. 3ᵉ méd.]

244 — Enfant nègre de la Tunisie. — S. 43. Nº 38.
245 — Iris et marguerites. — S. 45. Nº 45.

Ravier (Mˡˡᵉ Jeanne), 7, rue Broca, Paris.

246 — Rêverie. — S. 44. Nº 41.
247 — Benoist, le vieux savetier. — S. 43. Nº 20.

Réal del Sarte (Mme Marie-Magdeleine), 88,
boulevard de Courcelles, Paris. [P. M. H,
E. U. 1889. — V. 2ᵉ méd. d'argent.]

250 — Midi. (Voir pastel.).

Renard (Emile), ✳, 30, rue Geoffroy-Lasnier, Paris. [V. II. C.]

251 — Le Gué. — S. 42. N° 85.
252 — Le dimanche matin en Bretagne. — S. 42. N° 87.

Renard (MlleFlavie), 2 *bis*, rue des Petits-Binelles, à Sèvres (Seine-et-Oise).

253 — Pas de chance !

Renard-Brault (Henry), 4, rue des Charbonniers, Sèvres (Seine-et-Oise). [P. M. H. — V. 1re méd.]

254 — Paysage. — S. 44. N° 128.
255 — Paysage. — S. 45. N° 97.

Renault des Graviers (Victor), 30, rue Richaud, Versailles. [V. Diplôme d'honneur. II. C.] (Sre).

255 *bis*. — Portrait de M. M. B***. — S. 44. N° 135.
256 — Les lions du chœur de l'abbaye de Bonport (dans l'église de Pont-de-l'Arche). — S. 44. N° 100.

Renaud (Gaston), 30, rue Richaud, Versailles. [P. M. — V. Prix du Salon, Diplôme d'honneur.] (Sre.)

257 — Campement. — S. 43. N° 61.

Richard (Emile), 59, Grande-rue, Sèvres.
[V. M. H.]

258 — Hiver. Châtaignes. — S. 44. Nº 12.

Rochette (Mme Eugénie), 1, rue Saint-Pierre,
Versailles (Sre).

259 — Paysage. — S. 43. Nº 51.

Ronsin (Marguerite), 110 *bis*, rue Saint-An-
toine, Paris.

260 — Revient-il ? — S. 42. Nº 10.
261 — Jeune Dalécarlienne filant. (Voir pastels.) —
S. 42. Nº 66.

> Je m'assieds pour filer ma laine,
> Le fil se casse dans ma main.
> Allons, je filerai demain,
> Aujourd'hui je suis trop en peine !
> Hai luli ! Hai luli !
> Où donc peut être mon ami ?

Rosi (Amédée), 4, rue Ubrich, Billancourt.
[P. méd. 3e classe.]

262 — Soleil couchant (Venise). (Voir gouaches.) —
S. 44. Nº 114.

Roslin (Charles), 14, rue de Chabrol, Paris,
et, 11, rue Carnot, Versailles.

263 — Jeune génisse. — S. 44. Nº 120.

Rouaix-Duneau (Mme Jeanne), 75, rue Nollet, Paris. [V. M. II.]

264 — Huîtres et bouillotte. — S. 44. N° 133.
265 — Anémones. — S. 42. N° 30.

Roullier (Henri-Christian), 37, avenue Victor-Hugo, Paris. [V. 3° méd.]

266 — Miss Cenderella. — S. 43. N° 9.
267 — Plumeur de volaille. — S. 43. N° 75.

Royer (Charles), Langres (Haute-Marne).

268 — La marguerite. — S. 43. N° 73.
269 — Etude. — S. 43. N° 76.

Royer (Mlle Jeanne), 10, avenue de Paris, Versailles. [V. 3° méd. et Rappel.] (S^re).

270 — Portrait. — S. 44. N° 74.

Ruault-Caro (Mlle Claire), 9, rue Motte-Fablet, Rennes (Ille-et-Vilaine).

271 — Eveil matinal (paysage). — S. 44. N° 98.

Sadler (Fernande), chez Mme Goldenberg, 3, rue de Stockolm, Paris.

272 — Intérieur en Lorraine. (Voir aquarelle.) — S. 44. N° 23.

Sailly (Jehanne), La Fresnaie, Moiseney, près Melun (Seine-et-Marne).

273 — Etude : Portrait de Mme S***. — S. 42. N° 6.

Saïn (Paul), ✳, 33, rue du Dragon, Paris, [P. H. C.]

274 — La route de Villeneuve-lès-Avignon (Gard). — S. 45. N° 93.

275 — Balancelle dans le port de Bastia (Corse). — S. 44. N° 76.

Samson (Emmanuel), 55 *bis*, rue de Villiers, Neuilly-sur-Seine.

276 — Cour de chenil (Voir sculptures). — S. 44. N° 123.

Sareda (André), 69, rue de Douai, Paris. [V. M. II.]

286. — Un marché à Houffalize (Belgique.) — S. 44. N° 79.

287. — La Seine le soir. (Voir aquarelles). — S. 44. N° 64.

Scapre-Pierret (Mme Jeanne), 4, rue Royale, Versailles. [Voir Médaille de vermeil et Rappel.] (S^re.)

277 — Portrait de Mlle P***. — S. 44. N° 30.

Schreiber (Georges), 8, rue Saint-Martin, Paris.

278 — Un lavoir à Athis (Seine-et-Oise). — S. 45. N° 2.

Schwartzenberger (Mlle Esther), 15, rue Saint-Médéric, Versailles. [V. M. H.]

279 — Paysage, d'après G. Courbet. — S. 45. N° 134.
280 — Salomé, d'après Henri Regnault. — S. 45. N° 126 (Gravure sur bois).

Serendat de Belzim (Louis), 31, avenue de Villiers, Paris. [2e méd. d'argent.] (Sre).

281 — Roses. — S. 44. N° 45.

Serres (Antony), 3, avenue de Laumière, Paris.

282 — Le bienvenu. — S. 44. N° 109.

Serval (Maurice), 26, rue Bréda, Paris.

283 — Les près de Trianon (Voir aquarelles). — S. 45 N° 77.

Simonnet (Lucien), 3, rue des Rouillis, Sèvres (Seine-et-Oise). [P. II. C. — V. Diplôme d'honneur.]

284 — La saison des foins. S. 44. N° 69.

Steffen (Léon-Edouard), 14, rue Furtado-Heine, Paris.

285. — Chaumières à Chaumusson. (Voir dessins). — S. 42. N° 33.

Taconet (Mlle Jeanne), 2, rue de Mouchy, Versailles. [V. Méd. vermeil et Rappel] (S^{re}).

288. — Chrysanthèmes. — S. 44. N° 19.
289. — Roses. — S. 43. N° 91.

Tauzin (Louis), 4, Sentier des Pierres-Blanches, Bellevue (Seine-et-Oise.) [P. M. H. — V. 1re Méd.] (S^{re}).

290. — Paysage à Bellevue. — S. 42. N° 92.
291. — Le matin au Bas-Meudon. — S. 42. N° 91.

Thevenin (Claude), 130, faubourg Saint-Denis.

292. — Dampierre (Seine-et-Oise.) — S. 42. N° 22.

Thurwanger (Mme Hélène), 37, rue de la Tour, Passy (S^{re}).

293. — Vase à fleur (roses.) — S. 43. N° 26.

Timmermans (Louis), 2, rue Aumont-Thiéville, Paris. [V. Diplôme d'honneur.] (S^{re}).

294. — L'Avant-Port de Dieppe (matin). — S. 44. N° 134.
295. — En vue de Rouen (lever de lune). (Voir aquarelles.) — S. 44. N° 132.

Tournay (Mlle Jeanne), 35, rue Boissy-d'Anglas, Cité du Retiro, Paris. [P. M. H. — V. 3e Méd. d'argent et Rappel.] (Sre).

296. — Portrait de jeune femme. (Voir pastel.) — S. 43. N° 16.

Trevert (Léon), 57, rue Rambuteau, Paris.

297. — Paysage (automne). — S. 45. N° 17.

Turlin (Henri-Jean), 9, rue Neuve, Versailles. [V. 2e Méd.].

298. — Rochers de Penmarch. — S. 42. N° 79.

Tytgat (Léopold), 13, passage Lamarck, Paris. (Sre).

299. — Étude. — S. 42. N° 64.

Vauthier (Pierre), ✱, 41, rue Spontini, Paris. [P. H. C.].

300. — Royan (Le matin sur la Grande-Conche). — S. 44. N° 121.

301. — La Tyne, à Newcastle. (Voir pastels.) — S. 43. N° 79.

Verdevoye (Eugène), 88, rue Championnet, Paris. [V. M. H.].

302. — Nature morte. — S. 42. N° 31.

303. — Fin de journée. — S. 44. N° 10.

Viéé (Mme Léonie), 8, rue Bonaparte, Paris.

304. — Conica (Manche.) — S. 44. N° 127.
305. — La Mazurie (Carolles). — S. 42. N° 60.

Vincent-Darasse (Paul), 159, boulevard
Saint-Germain, Paris.

306. — Un grain qui monte, — S. 43. N° 56.
307. — Bois de la Chaise, Noirmoutier. (Voir pastels.)
—S. 43. N° 95.

Willms (Albert), 51, rue Bayen, Paris.

308. — Le Relais. — S. 43. N° 2.

Walden (Lionel), 33, boulevard Edgar-Quinet,
Paris. [V. deux M. H.].

309. — Marée montante. — S. 44. N° 43.

Zamor (Emmanuel), 15, rue Saint-Gilles, Paris.

310. — La rue de l'Espérance, à Créteil (Seine). (Voir
fusains.) — S. 44. N° 142.

Zuber-Buhler (Fritz), 10, rue Say, Paris,
[P. M. H. — V. Prix du Salon.] (S^{re}).

311. — Petite famille. — S. 43. N° 69.
312. — Nonchalance. (Voir dessins.) — S. 45. N° 86.

DESSINS, PASTELS, AQUARELLES, MINIATURES, ÉMAUX, FAIENCES ET PORCELAINES.

Adam-Manceau (Mme Clémence), 137, boulevard Magenta, Paris.

313 — Panier de zinnias. (Aquarelle.) — S. 45. N° 7.

314 — Dalhias simples. (Aquarelle.) — S. 43. N° 55.

Alfassa-Mirra (Mlle), 3, square du Roule, Paris.

315 — Profil (dessin). (Voir peinture). — S. 45. N° 26.

Allongé (Auguste), 103, boulevard du Montparnasse, Paris [H. C.].

315 *bis.* — Sous bois. Fontainebleau. — S. 45. N° 90.

Allègre, au Palais de Versailles.

315 *ter.* — Mauvaise journée. S. 45. N° 91.

d'Arloy (née Savaton) (Irène), 99, rue de Vaugirard, Paris.

316 — Bons conseils (composition). (Porcelaine.) — S. 44. N° 139.

317 — Portrait de M. Français, membre de l'Institut. (Miniature.)

Aubé (Valentine), 1, quai d'Austerlitz, Paris.

318 — Géraniums. (Aquarelle.) — S. 45. N° 8.
319 — Chrysanthèmes. (Aquarelle.) — S. 45. N° 61.

Aubryet (Mme Maurice), 84, boulevard de la Reine, Versailles.

320 — Danseuse. (Pastel.) — S. 43. N° 123.

Augé (Mlle Mathilde), 5 *bis*, avenue de Paris.

321 — Tête de Christ, *Ecce homo*, d'après le Guide. (Email peint.)
322 — Tête de Vierge (composition originale). (Email de Limoges.)

Baralle (Mlle Marie), 57, route de Chatillon, Grand-Montrouge (Seine).

323 — Portrait de M. A. B***. (Porcelaine.)
324 — Amours, d'après Bouguereau. (Porcelaine.)

Barbé (Mlle Madeleine), 87 *bis*, boulevard de la Reine, Versailles. (S^re.)

325 — Portraits : M. Renault des Graviers. — Mlle Madeleine B***. — La reine Marie-Antoinette. — Louis XVII. — Marie-Alice. (Miniatures.)

Barbichon (A.), 19, rue Saint-Pierre, Versailles. (S^re.)

326 — Raymonde Materre. (Aquarelle.) S. 43. N° 109.
327 — Portrait-médaille de Mlle M***. (Plâtre photo-
graphique.) (Voir peinture.)

Barranger, née Lajotte (Mme Lucie), 3,
rue Sarrette, Paris. (S^re.)

328 — Saint-Prat, près Maintenon (Eure-et-Loir).
(Dessin à la plume.) — S. 41. N° 32.

Baubry-Vaillant (Mme Marie-Adélaïde),
83, boulevard Gouvion-Saint-Cyr (Porte-
Maillot), Paris. [V. M. H. — Méd. de
bronze. — 2e méd. d'argent et rappel.]
(S^re).

329 — Première pose (étude d'après nature). (Pastel.)
— S. 44. N° 49.
330 — Accessoires de cuisine à la campagne : chaudron,
lanterne, etc. (Pastel.) — S. 45. N° 56.

Baudouin (Mlle Jeanne), 95, rue Denfert-
Rochereau, Paris.

331 — Portrait de Mlle X***. (Pastel.) — S. 44.
N° 3.

Beaucerf (Mlle Blanche), 26, rue des Réservoirs, Versailles. [V. 2ᵉ méd. d'argent.] (Sʳᵉ.)

332 — Tête d'enfant de chœur. (Dessin.) — S. 44. Nº 92.

333 — Tulipes. (Aquarelle.) (Voir peinture) S. 44. Nº 148.

Bègue (Mlle Yvonne), 20, rue Fréville, à Sèvres (Seine-et-Oise).

334 — Etude de tulipes. (Porcelaine.) — S. 44. Nº 147.

335 — Hirondelles et capucines. (Porcelaine.) — S. 44. Nº 145.

Bertaux (Henry), 117, boulevard Saint-Michel, Paris.

336 — Temple de Louqsor. Haute-Egypte (souvenir de voyage). (Faïence grand feu.)

Besnard (Mlle Lucie), 1, avenue de Villeneuve-l'Etang, Versailles.

337 — Bourriche de lilas. (Aquarelle.) — S. 45. Nº 27.

Billotey (Louis), 6, rue Lallier, Paris. [V. M. H.]

338 — Tulipes et lilas. (Aquarelle.) — S. 45. Nº 13.

Biva (Paul), 12, rue d'Hauteville, Paris. [P. M. H. — V. méd. de vermeil.]

339 — Chrysanthèmes. (Gouache.) (Voir peinture.) — S. 45. N° 89.

Blanchet-Magon (Mme Marie), 6, avenue de La Motte-Piquet, Paris.

340 — Portrait de Mme A. L***. (Pastel.) Voir peintures.) — S. 44. N° 77.

Blondel (Marguerite), 140, avenue de Paris, Rueil. [V. M. H.]

341 — Panier d'œillets. (Aquarelle.) — S. 45. N° 35.

Boetzel (Ernest), ✳ 34, boulevard de Clichy, Paris.

342 — La fête des Mails à La Marche. (Fusain.)
343 — Mort d'Orphée. (Fusain.)

Bonnefoy (Adrien-Adolphe), 3, rue de Bretonvilliers, Paris. [V. 2° méd. d'argent.]

344 — La rue du Jerzual à Dinan. (Aquarelle.) (Voir peintures.) — S. 44. N° 89.

Borel (Marie), 73, rue Royale, Versailles. [Sre].

345 — Tête d'étude. (Miniature).

Boucherot (Mlle Zulma), 7, rue de l'Annon-
ciation, Paris.

346 — Pivoines et boules de neige. (Aquarelle.)

Bourboulon (Anne-Marie de), 2, rue Made-
moiselle, Versailles.

347 — Bleuets aux champs. (Aquarelle.) (Eventail.)
— S. 44. N° 85.

Brisgand (Gustave), 39, rue de Douai, Paris.
[V. M. H., méd. d'argent.]

348 — Sous bois (Automne). (Aquarelle.) — S. 42.
N° 46.
349 — Sous bois (Automne). (Aquarelle). — S. 45.
N° 73.

Brunet (Eugène), à Parmain (Seine-et-Oise).
[V. méd. et Rappel.] (S^{ro}).

350 — Un cadre contenant 4 aquarelles. — S. 43.
N° 57.

Cabarrus (Mlle Jessika), 73, avenue de Villiers, Paris. [V. 2e méd. et Rappel.] (S^{re}.)

351 — Rêverie (Etude de femme blonde). (Pastel.) —
S. 45. N° 119.

Caillat (Anatole), 154, boulevard Péreire, Paris.

352 — Diane (Miniature).

Caillaud (Aimée), 3, place de l'Eglise, Ville-d'Avray. (S^{re}.)

353 — La flagellation du Christ (Aquarelle). — S. 42. N° 45.
354 — Rêverie. — Portrait de M. A. E***. — Portrait de Mlle A.-L. T***. — Portrait de ma sœur. (Miniatures).

Callot (Jean-Baptiste), 22, rue du Parc-de-Clagny, Versailles.

355 —· Yvonne (Etude). (Pastel.) (Voir peintures.) — S. 43. N° 118.

Calmbacher (Jeanne), 58, rue de Bellechasse, Paris. [V. M. II.]

356 — Œillets. (Aquarelle). — S. 44. N° 28.

Carpentier (Madeleine), 60, rue de Maubeuge, Paris. [P. 3° méd. — V. 1re méd. d'argent.]

357 — Roses. (Aquarelle.) — S. 45. N° 48.

Carspers (Pauline), 16, rue de Plaisance,
Nogent-sur-Marne (Seine). [V 3ᵉ méd. d'argent]. (Sʳᵉ).

358 — Entrée de parc. (Fusain.) Offert pour la tombola.
(Voir peinture.) — S. 42. Nᵒ 39 *bis*.

Cartier (Karl), 144, rue de Longchamp, Paris.
[P. 3ᵉ méd.]

359 — Le Retour du troupeau. (Pastel.) (Voir peinture.) — S. 45. Nᵒ 34.

Catelin-Gardey (Mme Marie), 41 *bis*, rue
Saint-Honoré, Versailles. (Sʳᵉ).

360 — La Laiterie (Trianon). (Fusain.) — S. 41. Nᵒ 8.

Chaumet-Sousselier (Marie), 147, avenue
du Roule, Neuilly-sur-Seine.

361 — Portrait de M. L. C***. (Pastel.) S. 45. Nᵒ 43.
362 — Portrait du colonel Sousselier. (Pastel.) (Voir
peinture.) — S. 45. Nᵒ 53.

Chaussé (Cécile de), 62, rue Cardinal-Lemoine, Paris.

363 — Alice (Etude). (Miniature.) — Mˡˡᵉ L. J***.
(Etude.) (Miniatures.)

Chavagnat (Antoinette), 11, rue Chanzy.
Nanterre (Seine). [V. 2ᵉ méd. d'argent.]

365 — Chrysanthèmes. (Aquarelle.) — S. 45. Nº 62.
366 — Cerises. (Aquarelle.) — S. 43. Nº 117.

Clément (Armand), 34, rue Lacépède, Paris.

367 — La pierre levée à Janville (Seine-et-Oise). (Lithographie) — S. 43. Nº 114.

Clérice (Mme Vve Justine), 67, rue Lecourbe, Paris. (Sʳᵉ).

368 — Portrait de M. L...*. (Miniature.)

Cliquot (Antoinette), 3, rue Gambetta, Nanterre (Seine). [V. 2ᵉ méd. d'argent]

369 — Un écolier français au XIXᵉ siècle. (Pastel.) — S. 43. Nº 87.

Combet (Mlle Louise), 11, rue Léon-Cogniet, Paris.

380 — Mᵐᵉ de Staël (Etude). (Miniature.)
381 — Portrait. (Miniature.)

Crepet (Robert), 37, rue Denfert-Rochereau, Paris.

382 — Ève. (Lithographie.) — S. 41. Nº 31.

Crosbie (Emile-Ferdinand), 181, avenue du Maine, Paris. [P. méd, 3ᵉ classe.]

383 — Tête d'Apôtre, d'après Rembrandt, au musée de Cassel. (Gravure sur bois.) — S. 43. Nº 113.

384 — Portrait de Mᵐᵉ Chardin, d'après le pastel de Chardin, au musée du Louvre. (Gravure sur bois.) — S. 45. Nº 127.

Dakin (Joseph), 3, avenue de Tourville, Paris.

385 — Ferme de Porchefontaine, près Versailles. (Aquarelle.) — S. 45. Nº 30.

386 — Environs de Chaville. (Aquarelle). — S. 45. Nº 36.

Darnault (Jenny), 106, avenue des Ternes, Paris.

387 — Narcisses et bleuets. (Aquarelle.) — S. 43. Nº 108.

Degommier (René), 15, rue des Ecoles, Paris.

388 — Paysage. — Etude (Aquarelle). — S. 41. Nº 10.

389 — Marine. — Le Croisic. (Aquarelle). — S. 41. Nº 16.

Delabarre (Edouard), 32, avenue de Wagram, Paris. [P. M. H.]

390 — Carton de vitrail pour une galerie d'objets d'art : « La glorification des arts ». (Architecture). — S. 43. Nº 59.

Delacroix (Garnier).

391 — Les Petits.

Delahogues (Alexis-Auguste), 15, rue de la
Grange-Batelière, Paris.

392 — Fleurs : mimosas et violettes. (Pastel). (Voir peinture). — S. 44. N° 22.

Desauty (Mlle Henriette), 41, rue Laffitte,
Paris. [V. 1re méd. d'argent.] (Sre).

393 — Classe de dessin. (Pastel). (Voir peintures). —
S. 44. N° 26.

Deslignières (Marcel) *, 11 bis, rue Faraday,
à Paris. [P. H. C. section d'architecture.]

394 — 1° Grand bassin à flots, Dieppe (Aquarelle).
— S. 45. N° 135.
395 — 2° Le Mont Valérien, vu de Marly. (Aquarelle).
— S. 44. N° 94.

Diard (Mlle Madeleine), à Rambouillet.

396 — Grenades et raisins (d'après la peinture à l'huile
de Chardin, musée du Louvre. (Pastel). —
S. 44. N° 60.

Dinguidar (Mlle Gabrielle), 3, rue Vergniaud,
Bordeaux.

397 — Tête de femme. Etude. (Pastel). (Voir peinture)·
— S. 45. N° 63.

Dornois (Albert), 192, boulevard Malesherbes, Paris. [P. M. H., E. U. 1889. — V. M. II.]

398 — Falaise, château de Guillaume le Conquérant. (Fusain). — S. 45. N° 50.

399 — Château de Carrouges (Orne). (Fusain). (Voir peinture). — S. 45. N° 54.

Duhamel (Edouard), 7, rue du Pont de Lodi, Paris.

400 — Portrait d'homme. (Crayon). (Dessin). — S. 45. N° 95.

401 — Portrait de femme. (Crayon). (Dessin). — S. 44. N° 96.

Dumoulin (Mlle Jenny), 91, rue Lafayette, Paris. (S^{re}).

402 — Le Concert aérien. (Faïence).

Dupré-Bironneau (Mme Marie), 10, rue Pigalle, Paris.

403 — Fruits exotiques. (Pastel.) — S. 43. N° 49 *ter*.

404 — Fleurs d'hiver. (Pastel. — S. 45. N° 59.

Dupuy (Suzanne), 28, rue du Havre, Calais. (S^{re}).

405 — Portrait. (Pastel). — S. 44. N° 25.

Duriez (Jane), 1, rue de Choiseul, Paris. (S^{te}).

406 — Vicomte Duriez. Petit Victor Bébé. (Miniatures).

Durruthy (Mlle Zélie), 22, rue La Tour-d'Auvergne, Paris.

407 — Fantaisie bleue. (Pastel). — S. 45. N° 67.
408 — Portrait de Mme D... (Pastel). — S. 45. N° 14.

Dusseuil (Mlle Léonie), 10 *bis*, rue Vavin, Paris. [V. 3e méd. d'argent.]

409 — Portrait de Mlle D··· (Pastel). (Voir peintures). — S. 45. N° 57.

Dybowska (Mlle Emilie), 16, rue Rottembourg, Paris.

410 — Bleuets et abricots. (Aquarelle). — S. 45. N° 79.

Forges (Joseph), 18 *bis*, impasse du Maine, Paris. [V. H. C.]

411 — La lande de Kéribouleau (Morbihan). (Aquarelle). — S. 45. N° 136.

Foucault (Georges), 12, quai de Gesvres, Paris.

412 — Bords de l'Allier à Vichy. (Pastel.) — S. 41. N° 15.

Foulquier (Valentin), 9, avenue de Paris, L'Isle-Adam.

412 *bis*. — Marine. S. 45. N° 80.
412 *ter*. — Marine. S. 45. N° 116.

Fournier (Edgar), 12, rue Pagès, à Suresnes (Seine).

413 — Interprétation de la composition de Ch. Eisen. Le Bouquet bien reçu. (Pastel.) — S. 41. N° 2.

François (Edouard), 14, boulevard des Filles-du-Calvaire, Paris.

414 — L'étang de Trivaux. (Aquarelle.) — S. 43. N° 58.
415 — Autour de l'étang. (Aquarelle.) — S. 44. N° 55.

Gallet-Levadé (Louisa), 9, rue Bochard-de-Saron, Paris. [V. méd. de vermeil.] (S^re.)

416 — Bouquetière. Portrait de Mlle B. H***. — Portrait de Mme la comtesse de T***. (Miniatures.)

Garnot (Marie), 9, boulevard Malesherbes, Paris.

418 — Vase contenant des anémones. (Aquarelle.) — S. 45. N° 102.
419 — Touffes de violettes. (Aquarelle.) — S. 45. N° 120.

Gelleux (Léonard). [V. M. II.]

420 — Forge de campagne et son cadre décoratif. (Aquarelle et cadre sculpté et gravé.)—S. 44. Nº 153.

421 — Fleurs de pommier (Aquarelle.)— S. 43. Nº 142.

Gérard (Mᶫᶫᵉ Jeanne-Geneviève), 14, avenue Niel, Paris.

422 — Portrait de Mᵐᵉ C. de B***. (Pastel.) — S. 44. Nº 86.

423 — Benoudah, indigène de l'île de la Réunion. (Pastel.) — S. 44. Nº 150.

Germain (Marie-Thérèse), 19, boulevard de Port-Royal, Paris.

424 — Portrait de M. F. C***. (Porcelaine.)

Girard (Albert), ✳, 69, rue de Courcelles, Paris. [P. H. C. — V. diplôme d'honneur.]

425 — Un marché en Anjou. (Aquarelle.) — S. 43. Nº 101.

426 — Le marabout de Sidi-Abderramann, à Alger. (Aquarelle.) — S. 43. Nº 97.

Godefroy (Maurice), 9 *bis*, rue Demours, Paris. [V. M. II.]

427 — La chute du jour (Villers-Cotterets). (Pastel.) — S. 43 Nº 37.

428 — La crèche de Colleville (Calvados). (Pastel) — S. 44. Nº 27.

Godin (Mme Isabelle), 6, rue Edouard-Charton, Versailles. (S^re.)

429 — Quatre miniatures sur ivoire. — 1. Portrait de
Mme B···. — 2. Mme Henriette de France
(d'après Nattier). — 3. Mme Victoire de France
(d'après Nattier). — 4. Le général Kléber
(camaïeu).

Grimaud (Manuelita), 29, rue Greuze, Paris-
Passy.

430 — Portrait de l'impératrice Marie-Louise. (Porcelaine.)
431 — Amours (d'après Munier). (Ivoire.)

Grossin (Paul), 5, cité du Cardinal-Lemoine,
Paris.

432 — Bords de l'Oise, près Creil. (Pastel.) — S. 45.
N° 46.
433 — La mare aux alouettes, à Gambais (Seine-et-Oise).
(Pastel.) (Voir Peintures.) — S, 45. N° 39.

Gruyer (Gabrielle), 20, rue Truffaut, Paris.

434 — Iris. (Aquarelle.) — S. 43, N° 114.
435 — Chrysanthèmes. (Aquarelle.) — S. 45. N° 122.

Guignery (Gustave), 16, rue de la Grande-
Chaumière, Paris. [V. 3° méd.]

436 — Paysage d'hiver. (Gouache.) (Voir Peintures). —
S. 45. N° 84.

Guillaumot-Adan (Emilie), 41, rue des Martyrs, Paris.

437 — Portrait de Mme C··· . (Pastel.) — S. 43. N° 5.
438 — Portrait de Mme P··· . (Pastel.) — S. 45. N° 55.

Guilmet (Albert), chez M. Billault, 17, rue Albouy, Paris.

439. — Quartier pêcheur à **Calais**. (Aquarelle.) (Voir peinture.) — S. 45. N° 12.

Henry (Victor), 6, passage Stanislas, Paris. [V. 3e Méd. d'argent].

440. — Giroflée. (Aquarelle.) — S. 43. N° 28.
441. — Les Bords de la Juine à Itteville (S.-et-O.). (Aquarelle.) — S. 45. N° 98.

Hubert (Lilliann), 51, rue Duplessis, Versailles.

442. — Campanules. (Céramique.) — S. 44. N° 142.
443. — Arûms. — S. 44. N° 140.

Huet (Mlle Marie), 112, boulevard Malesherbes, Paris. [V. 2e Méd arg.].

444. — Petits marchands arabes. (Pastel.) — S. 42. N° 5.
445. — Enfant de chœur. (Pastel.) (Voir peinture.) — S. 43. N° 106.

Jacquemard (Mlle Marie), 5, avenue de
Saint-Cloud, Versailles. [V. 1re Méd. d'argent et Rappel.] (Sro).

446. — Portrait de Mlle X... (Miniature.) — S. 44.
N° 87.

Juhellé-Bourey (Mlle Marguerite), 30, avenue Carnot, Paris.

447. — Etude de roses. (Aquarelle.) — S. 45. N° 64.

Jullien (Mlle Anna), 39, boulevard du Château,
Neuilly-sur-Seine. [V. M. H.] (Sro).

448. — Lithographie originale, paysage.
449. — Etude d'après Chaplin. (Lithographie). (Voir
peinture.) — S. 43. N° 93.

Lajotte (Mlle Suzanne), 36, rue Violet, Paris.

450. — Un coin de ma chambre. (Aquarelle). — S. 41.
N° 22.

Lamy (Aline), 136, Faubourg-Poissonnière. [V.
3° Méd. d'argent.] (Sre).

451. — Iris. (Panneau.) (Aquarelle). — S. 45. N° 4.
452. — Giroflées, Mimosas et Violettes. (Aquarelle).
— S. 45. N° 21.

Landeau (Rémy), 14, rue Hoche, Versailles. [V. 2ᵉ Méd. d'argent].

453. — Notre-Dame-de-Paris, du pont de l'Archevêché, faïence au grand feu. (Voir peinture.).

Landmann (Léon), rue Neuve, 34, Versailles. (Sᵗᵉ).

454. — Chêne de la Mare aux Fées. (Aquarelle). — S. 45. Nᵒ 137.
455. — Le Lac. (Aquarelle.) — S. 43. Nᵒ 120.

Langlois (Charles), 8, rue Saint-Lazare, Paris [V. 3ᵉ Méd.).

456. — Habitation à la campagne. (Architecture.) — S. 41.
457. — Plan à 0ᵐ 02 par mètre. (Architecture.) S. 41. Nᵒ 4. — Façade à 0ᵐ 01 par mètre. (Architecture) — S. 41. Nᵒ 4.

Lauvernay (Mlle Jeanne), 148, rue de Rennes, Paris. (Sᵗᵉ).

458. — Bluets et Boutons d'or. (Pastel.) (Voir peinture.) — S. 44. Nᵒ 93.

Lavallée (Jeanne), rue des Filles-du-Calvaire.

459. — Œillets. (Aquarelle.) — S. 45. Nᵒ 117.

Lecocq (Mlle Henriette), 6, rue Thénard, Paris.

460. — Vieux pont à Vernon. (Eau-forte.) (Voir peintures.) — S. 44. N° 15.

Lefèvre (Berthe), 63, boulevard de la Reine. Versailles. (S^{re}).

461. — Panier de violettes. (Aquarelle.) — S. 41. N° 12.

Lefèvre (Blanche), 63, boulevard de la Reine, Versailles. (S^{re}).

462. — La Liseuse, d'après J. Lefebvre. (Miniature.) Fleurs sur porcelaine. (2 plaques.).

Legrand (Mlle Juliette), Académie Delécluze, 84, rue N.-D.-des-Champs, Paris.

464. — Sujet de nu. (Plaque porcelaine). (Voir peinture.).

Legris (Jane), 11 *bis*, rue Juliette-Lamber, Paris.

465. — Portraits de Yann et Annik. Appartient à Mme L. du B... — Nielly. (Etude.) — Tête de rousse. (Etude.) (Miniatures.)

Lejeune (Berthe), rue Ménars, 2 *bis*, Versailles. (S^re).

468. — Eglantine et Nid de fauvette. (Porcelaine.)
469. — Fleurs des champs et Chardonneret. (Porcelaine.)

Lemaître (Jeanne), 15, rue de Buffon, Paris. (S^re).

470 — Chrysanthèmes. (Aquarelle.) — S. 43. N° 98.
471 — Fleurs et fruits. (Aquarelle.) — S. 45. N° 49.

Lepère (Lucy), 39, rue des Mathurins, Paris. (V. M. H.)

472 — Réflexions. (Pastel.) — S. 45 N° 42.

Leroy (Alice), 7, rue de Lagny, à Dampmart, (Seine-et-Marne).

473 — Pensent-ils à ce mouton ? (d'après Boucher-François. (Miniature sur ivoire.)

Leroy (Lucie), 7, rue de Lagny, Dampmart, près de Lagny (Seine-et-Marne).

474 — Marie Le Gendre, d'après Hyacinthe Rigaud. (Miniature sur ivoire.)

Le Royer (Léon), 14, rue Saint-Faron, Meaux (Seine-et-Marne). [V. M. H.] (S^re).

475 — Chardons. (Aquarelle.) — S. 44. N° 91.
476 — Rivière bretonne. (Aquarelle.) (Voir peinture.) — S. 41. N° 21.

Le Sage (Mlle Gabrielle), 10, rue Frochot, Paris. [V. M. H]

477 — Quartier de la Pêcherie, à Montargis. (Aquarelle.) — S. 45. Nº 115.

Leteurtre (Emile), 24, rue Dauphine, Paris.

478 — Les bords de l'Yvette aux environs d'Orsay. (Aquarelle.) — S. 41. Nº 19.

479 — Les jardins de Cluny à Paris. (Aquarelle.) — S. 42. Nº 42.

Leyendecker (Paul), 6, rue Mansart, Versailles. [V. 3ᵉ méd. d'argent et Rappel.] (Sᵗᵈ.)

480 — Plaine du Chesnay. (Aquarelle.)—S. 44. Nº 137.

481 — Quatre études de Basse Autriche. (Aquarelle.) (Voir peinture.) — S. 42. Nº 44.

Lindos (Alice), 5, rue Duperré, Paris.

482 — Un bédouin. (Pastel.) — S. 45. Nº 3.

Loghadès (Mme Léonie de), 48, rue du Général-Foy, Paris. [V. Prix du Salon.] (Sʳᵉ.)

483 — Tête de jeune femme (Directoire). (Pastel.) — S. 45. Nº 99.

484 — Jeune Napolitain fumant sa pipe (étude). (Pastel). — S. 45. Nº 103.

Los-Rios (Ricardo de), 15, quai d'Anjou, Paris. [P. H. C. — V. Diplôme d'honneur.]

485 — La fille du berger (eau-forte originale). — S. 45. Nº 128.

486 — Le thé à l'anglaise chez le prince de Conti, d'après le tableau de Ollivier qui a figuré au musée de Versailles et qui se trouve aujourd'hui au Louvre. (Eau-forte). — S. 41. Nº 3.

Louppe (Mlle Lucie), 11, rue Gustave-Courbet, Paris.

487 — Anémones. (Aquarelle.) — S. 43. Nº 105.

488 — Violettes. (Aquarelle.) — S. 41. Nº 9.

Madeleine (Joséphine), 1, rue Méhul, Paris.

489 — Roses. (Aquarelle.) — S. 45. Nº 124.

490 — Anémones. (Aquarelle.) — S. 45. Nº 121.

Malfilâtre (Mme Lucy), 176, rue de Vaugirard, Paris. [V. deux M. H.]

491 — Rochers sous bois. (Aquarelle.) — S. 45. Nº 66.

492 — Printemps. (Aquarelle.) (Voir peinture.) — S. 41. Nº 24.

Malher (Paul), 13 *bis*, rue Campagne-Première, Paris.

493 — Setters à l'arrêt. (Dessin sur bois.) (Voir peinture.) — S. 42. Nº 40.

Maréchal (Gabriel), 96, rue de Grenelle, Paris. [P. M. H.] (S^re.)

494 — Chemin couvert. (Aquarelle.) — S. 44. N° 56.

Maréchal (Mlle Hélène), 5, place des Ternes, Paris. [V. M. H.]

495 — Loups (forêt de Fontainebleau). (Pastel).—S. 45. N° 95.

496 — La neige aux environs de Paris (Aquarelle. (Voir peinture.) — S. 43. N° 122.

Maire (Elisa), 6, rue Saint-Gilles, Paris.

498 — Invocation. (Email.)

499 — Etude de fleurs. (Faïence grand feu.) — S. 44. N° 144.

Marin (Mlle Alice), 50, rue Notre-Dame-des-Victoires, Paris. [P. M. H. E. U. 1889] (S^re.)

497 — Langouste et moules. (Aquarelle.) — S. 45. N° 28.

Martin (Antoinette), 23, rue d'Anjou, Paris.

500 — Giroflées. (Aquarelle.) — S. 45. N° 114.

Martin (Geneviève, 23, rue d'Anjou, Paris.

501 — Pivoines. (Aquarelle). — S. 45. N° 132.

502 — Pavots (panneaux). (Aquarelle.) — S. 41. N° 84.

Métivat-Jacob (Mme Marie), 6, rue Darcel,
à Boulogne-sur-Seine.

504 — La première culotte. (Pastel). — S. 45. N° 5.
505 — Portrait de Mlle Elb... (Pastel.) — S. 43. N° 116.

Matrod-Desmurs (Berthe), 46, rue Laffitte,
Paris.

503 — Trois miniatures sur ivoire.

Michaux (Marie), 23, rue du Cherche-Midi,
Paris.

506 — Portrait d'Elisabeth Vigée (Mme Lebrun), d'après
l'original. Galerie Pitti, Florence. (Miniature.)

Minet (Emile-Louis), à Pont de l'Arche (Eure).
[P. M. H.]

507 — Intérieur à Pont de l'Arche. (Pastel.) — S. 43.
N° 127.
508 — Cour de ferme. (Pastel.) — S. 43. N° 128.

Mojon (Mlle Louise), 163, rue Saint-Denis,
Paris.

509 — Portrait de Mlle L. M***. (Miniature sur ivoire.)

Montaignac-Billotey (Marie-Elisabeth),
lycée Marceau, à Chartres (Eure-et-Loir).
[V. 1re méd. d'arg. et Rappel.]

510 — Bourriche de pensées. (Gouache.) — S. 44.
N° 54.

Morand (Albert), 66, rue Lemercier, Paris.

511 — Petit miséreux. (Dessin rehaussé). — S. 45.
N° 47.

Moujon-Gauvin (Mme Eugénie), 29, boulevard Saint-Martin, Paris. [V. 3e méd.]

512 — La Reprise. (Pastel.) — S. 43. N° 8.
513 — A la recherche d'une sauce. (Pastel.) — S. 45.
N° 20.

Nay (Alice), 10, place de Laborde, à Paris.

514 — Quatre petits paysages. (Gouache.)

Noguet (Mlle Alice), 39, boulevard de la Reine.
Versailles.

515 — Roses. (Aquarelle.) — S. 42. N° 41.

Page (Mlle Sarah), chez M. Dupré, 41, faubourg Saint-Honoré, Paris.

516 — Paysanne Bretonne. (Pastel.) (Voir peinture.)
— S. 45. N° 10.

Paget (Aline), 68, rue de Rome, Paris. [V. M.
H.] (Sre).

517 — Iris. (Aquarelle.) — S. 43. N° 23.
518 — Seigneur sous Henri IV (étude). (Aquarelle.)
— S. 44. N° 149.

Pallandre (Mme Georgina), 26, avenue de Bellevue, Sèvres (Seine-et-Oise).

519 — Portrait de Mlle M***. (Miniature).
520 — Madame Récamier. (Miniature.).

Pallandre (Lucien), 26, avenue de Bellevue (Sèvres). [V. 2° méd. d'argent.]

521 — Deux panneaux, modèles de services en porcelaine (Aquarelle) — S. 41. N° 30.

Pallandre (Maurice), 3, boulevard du Roi, Versailles. [V. méd. de vermeil.] (Sᵗᵉ).

522 — Affiche de Versailles. (Aquarelle.) — S. 41. N° 29.

Paraire (Richard), 129, rue du Ranelagh, Paris.

523 — Camériste indigène (Côte d'Ivoire). (Dessin.) — S. 44. N° 83.
524 — Autour d'un régime de bananes (Côte d'Ivoire). (Dessin.) — S. 45. N° 1. (Voir peinture.)

Pelleger (Mlle Marie), 33, boulevard Edgar-Quinet, Paris. (Sʳᵉ).

525 — La peinture. (Porcelaine.) — S. 44. N° 146.

Pelletier (Juliette), 56, rue Meslay, Paris.

526 — Iris. (Aquarelle.) — S. 45. N° 58.

527 — Mme de Pompadour. Portraits d'enfants. Marie-Louise. Napoléon II, roi de Rome. (Miniatures.)

Périer (Joseph de), 11, rue des Tournelles, Versailles. [V. 3e Méd. d'argent).

528 — Rue de Meulan. (Aquarelle.) — S. 41. N° 33.

529 — Paysages. (Aquarelle.). — S. 44. N° 82.

Perreur (Jeanne), 19, Faubourg-Saint-Martin, Paris.

530 — Portrait de Mlle Eva U. (Fusain.) — S. 45. N° 9.

Perrin (Mlle Léonie), 86, boulevard Rochechouart, Paris. [V. M. H.]

531 — Vanneaux et Sarcelles. (Aquarelle.) — S. 45. N° 25.

532 — La chapelle du musée de Cluny. (Aquarelle.) — S. 45. N° 24.

533 — Le baron de Vicq d'après Rubens. (Lithographie.) — S. 41. N° 20.

De Pesloüan (Marthe), 4, rue des Carmes, Paris. (Sre).

534 — Portrait de Mlle de P. (Pastel.) — S. 45. N° 33.

Peytel (Mme Adrienne). [V. 3° méd. d'argent.] (S^re.)

535 — Lac Saint-James. (Pastel.) — S. 43. N° 53.
536 — Effet d'automne. (Pastel.) — S. 43. N° 100. (Voir peinture.)

Philippi (Marthe), 63, avenue de Villiers, Paris.

537 — Fleurs de Printemps. (Aquarelle.) — S. 45. N° 6.
538 — Nature morte. (Aquarelle.) — S. 45. N° 34.

Pichon (Marguerite), 99, rue Marcadet, Paris.

539 — Bouquet suspendu. (Aquarelle.) — S. 45. N° 108.

Picquart-Rizet (Mme Hélène). 9 *bis*, av. de Paris, Versailles. [V. méd. d'argent et rappel.]

540 — Deux aquarelles : Villers-sur-Ollon (Suisse). — Environs de Clisson. (Aquarelle.) — S. 43. N° 104.

Pihan (Ferdinand), Marnes-la-Coquette. [V. M. H.] (S^re.)

541 — Fleurs d'orchidées. (Faïence grand feu.) — S. 44. N° 138.

Poisson (Mlle Léonide), 35, boulevard de la Reine, Versailles (S^{re}).

542 — Portrait d'une petite fille. (Pastel.) (Voir peinture.) — S. 42. N° 96.

Ponsin (Mlle Camille), 53, rue Duplessis, Versailles. (S^{re}.)

543 — Etude (Pastel). — S. 41. N° 13.
544 — Portrait de M. P. (Aquarelle.) — S. 43. N° 107.

Porquier (Edouard), 21, rue Rosière, Nantes (Loire-Inférieure).

545 — Barques de pêche (Baie de Bourgneuf). (Aquarelle.)
546 — Pêcheurs de thon rentrant au port. (Aquarelle.) — S. 45. N° 60.

Potron (Rita), 9, place Voltaire, Paris.

547 — Portrait de jeune fille. (Porcelaine.) — S. 44. N° 141.
548 — Mme Vigée-Lebrun et sa fille. (Miniature.)

Prell (Walter), 6, rue Boissonade, Paris.

549 — Au bord de la mer (Finistère). (Pastel.) (Voir Peinture.) — S. 43. N° 21.

Prins (Pierre), 35, rue Rousselet, Paris.

550 — Maquette en Seine-et-Oise. — Soleil couchant. (Pastel.) (Voir peinture.) — S. 44. N° 57.

Quentin (François). 36, rue de l'Orangerie, Versailles. [V. M. H.]

551 — Portrait de M. Hussenot. (Fusain.) (Voir peinture.) — S. 43. N° 102.

Quillet (Ferdinand), 33, rue des Apennins, Paris. (Sre.)

552 — Marcelle (Portrait). (Dessin.) — S. 43. N° 96.

Real del Sarte (Mme Marie-Magdeleine), 88, boulevard de Courcelles, Paris. [P. 2 M. H. — V. 2e méd. d'argent.

553 — Bohémienne. (Pastel.) (Voir peinture.) — S. 44. N° 97.

Reibel (Marguerite), 9, rue Mouton-Duvernet, Paris. (Sre.)

554 — Ma petite sœur. (Pastel.) — S. 44. N° 32.

Renard (Henry), 50, rue de la Paroisse, Versailles.

555 — Une salle à manger d'un grand hôtel situé au bord de la mer (2 planches). (Architecture.) — S. 41. N° 5.

Rey-Berling (Mme Estelle), 21, quai aux
Fleurs, Paris. [V. M. H.]

556 — Portrait de ma mère. (Pastel.) — S. 45. N° 65.
557 — Portrait de Mlle C****. (Pastel.) — S. 42. N° 12.

Rideau-Paulet (Mlle Thélika), 17, rue de
Puteaux, Paris.

558 — Italienne. — Etude. — Prière. — Tête de
vieillard. (Miniatures sur ivoire.)

Robert (Paul), 102, boulevard Richard-Le-
noir, Paris.

559 — Un coin du Bourget (Matin). (Dessin à la plume.)
— S. 41. N° 7.

Roby (Mme, née Emma Renaut), route des
Fontaines, Thorigny - Lagny (Seine - et -
Marne).

560 — Jeune fille aux cerises. — Jeune femme orientale.
(Miniatures.).

Roussin (Marguerite), 110 *bis*, rue Saint-
Antoine, Paris.

561 — Portraits de Marguerite et de Germaine (Pastel).
(Voir peinture.) — S. 45. N° 52.

Rozier (Amédée), 4, rue Hinrich, à Billan-
lancourt. [P. 3e méd.]

563 — Le canal San Barnaba (Gouache). (Voir peinture.)
— S. 43. No 104.

Sadler (Fernande), chez Mme Goldenberg,
3, rue de Stockholm, Paris.

564 — Souvenir de Monte-Carlo (Aquarelle). — S. 41.
No 6.
565 — La Fiammetta ; une Andalouse. (Miniatures.)
566 — Le prix du sang (Voir peinture.) — S. 45.
No 130.

Saglier (Mlle Jeanne), 18, rue Victor-Massé,
Paris. (Sre.)

567 — Fleurs (Aquarelle.) — S. 45. No 18.

Saint-Pére (Jeanne de), 60, rue Danton,
Levallois Perret (Seine).

568 — Portrait de mon père. (Porcelaine.).

Salard (Mme Céline), 72, avenue de la Grande-
Armée, Paris. [V. M. H.]

569 — Roses trémières. (Aquarelle.) — S. 45. No 11.
570 — Roses. (Aquarelle.) — S. 44. No 81.

Salaun (Raoul), 64, rue Didot, Paris.

571 — Portrait de M^llo Daviot. (Fusain.) — S. 44.
N° 88.

572 — Etudes. (Sanguine.) — S. 43. N° 115.

Sayvé (Abel', 9, rue de Noailles, Versailles.
[V R. 3e méd. d'argent.] (S^r.)

575 — Etang des Linières à La Bazoche-Gouet (Eure-et-
Loir). (Deux aquarelles en un cadre.) —
S. 45. N° 109.

576 — Anémones, mûres et chrysanthèmes. (Deux
aquarelles en un cadre.) — S. 42. N° 43.

Serval (Maurice), 26, rue Bréda, Paris.

577 — Deux abat-jour (modes de 1789). (Aquarelle.)
(Voir peinture.) — N° 112.

Steffen (Léon-Edouard), 14, rue Furtado-
Heine, Paris.

578 — Ruines de Clisson. (Dessin à la plume.) (Voir
peinture.) — S. 43. N° 110.

Sureda (André), 69, rue de Douai, Paris. (V.
M. II.]

573 — Quai de la Rapée. (Aquarelle.) — S. 44.
N° 23.

574 — L'Iton à Évreux. (Aquarelle.) (Voir peinture.)
— S. 45. N° 38.

Taranne, Marie, 21, rue Cassette, Paris.

579 — Fernand C***. (Miniature.)

Tchoumakoff (Théodore), 137, boulevard
Haussmann, Paris. (S^re.)

580 — Etude de jeune fille. (Dessin rehaussé.) — S. 45.
N° 125.
581 — Etude, tête de jeune femme. (Dessin rehaussé.)
— S. 45. N° 123.

Testard (Pauline), 13, rue du Montparnasse,
Paris. [P, M. II.]

582 — Le retour (le nouveau-né). (Gravure eau-forte,
d'après Mauve.) (Voir sculpture.) — S. 43.
N° 37 *bis*.

Tieulières (Marie), 7, rue des Volontaires,
Paris.

586 — Tireuse d'armes (Faïence).

Timmermans (Louis), 2, rue Aumont-Thiéville, Paris. [V. D. d'H.] (S^re).

587 — Marée basse, Flessingue (Hollande). Brouillard
du matin. (Aquarelles). — S. 45. N° 118.
588 — Le Port du Croisic (Bretagne). (Soleil couchant.)
(Aquarelle). (Voir peinture.) — S. 45. N° 133.

Tirard (Anna), 72, rue Blanche, Paris.

583 — Panneau, nature morte (canard). (Pastel.) —
    S. 43. N° 22.
584 — Fleurs. (Aquarelle.) — S. 45. N° 78.

Trébuchet (Mme Marie), 106, rue d'Assas,
    Paris.

585 — Panier de raisins. (Aquarelle.) — S. 45. N° 15.

Turin (Renée), 14, rue de Rivoli, Paris.

589 — Etude d'homme en costume breton. (Pastel). —
    S. 45. N° 29.

Tournay (Mlle Jeanne), 35, rue Boissy d'An-
    glas, Paris. P. M. H. — V. 3° méd. d'ar-
    gent et Rappel.) (S^re).

590 — Portrait de Mlle J. O***. (Pastel.) — S. 45.
    N° 111.
591 — Portrait de Mlle N. D***. (Pastel.) (Voir pein-
    ture). — S. 45. N° 106.

Vallet de Bouaffos (Henri), 15, avenue de
    Paris, à Versailles.

592 — Tour de l'Horloge à Amboise. (Architecture,
    aquarelle.) — S. 43. N° 121.
593 — Escalier de l'Hôtel-de-ville d'Orléans. (Architec-
    ture, aquarelle.) — S. 43. N° 126.

Vallayer-Moutet (Mlle Pauline), 30, boulevard du Temple, Paris. [V. M. H.]

594 — Portrait de Dédé. (Pastel.) — S. 45. Nᵒ 70.

595 — La Fileuse de Quiberon (Pastel.) — S. 44. Nᵒ 101.

Varé (Casimir), lycée Hoche, Versailles.

596 — Les bains d'Apollon. (Aquarelle, noir et blanc.) — S. 45. Nᵒ 110.

Vauthier (Pierre), ✳, 41, rue Spontini. Paris. [P. H. C.].

597 — Versailles, un coin de la foire dernière. (Pastel.) (Voir peinture). — S. 45. Nᵒ 131.

Verchain (Jean-Louis), 124, boulevard Voltaire, Paris.

605 — Quatre aquarelles : Quai d'Anjou le matin. — Une rue à Bagnolet. — Route de Malassis. — dans l'île de Beauté (Saint-Maur). — S. 45. Nᵒ 23.

Villain (Mᵗᵉ Laure), 23, boulevard Montparnasse, à Paris. [V. 3ᵉ méd. d'argent.]

598 — Chrysanthèmes et violettes. (Aquarelle) — S. 43. Nᵒ 103.

599 — Lilas, pensées, giroflées. (Aquarelle). — S. 43. Nᵒ 125.

Vincent-Darasse (Paul), 159, boulevard Saint-Germain, Paris.

600 — Chenal du port Noirmoutier. (Pastel). — S. 45. N° 107.

601 — Pont des Arts, hiver 1895. (Pastel). (Voir peinture). — S. 44. N° 53.

Vuillaume (Mlle Germaine), rue Hamelin Paris. [P. M. H.]

602 — Portrait de Mlle H. Guillaume. (Pastel). —S. 44. N° 151.

603 — Portrait de Mlle C. S***. (Pastel). — S. 43. N° 65.

Weber (Alfred), 13, rue Berthe, Paris. [V. 2e méd. d'argent.]

604 — Un lecteur du *Figaro*. (Lithographie). — S. 43. N° 124.

Zamor (Emmanuel), 15, rue Saint-Gilles, Paris.

608 — Terrain à vendre. (Fusain). (Voir peinture). — S. 45. N° 129.

Ziegler (Mlle Gabrielle), 22, rue d'Athènes, Paris.

606 — Sur les hauteurs de Chaville. (Aquarelle). — S. 45. N° 49.

607 — Soleil couchant. (Aquarelle). — S. 45. N° 40.

Zuber-Bulher (Fritz), 10, rue Say, Paris. [P
M. H. — V. Prix du Salon.] (Sᵣₒ).

609 — Passage difficile. Dessin offert pour la tombola.
(Voir peinture). — S. 45. Nº 68.

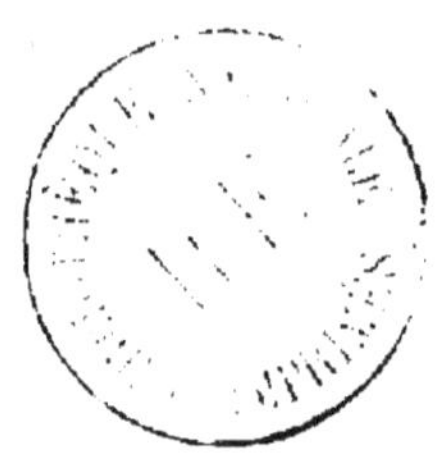

SCULPTURE

Bloch (Mme Elisa), rue du Printemps, 1, Paris. [P. M. II. E. U. 1889. — V. 2ª Méd.]

610. — M. le Dr Conqueret. (Buste bronze.)

611. — M. le Dr Christen, maire de Vaucresson. (Buste marbre.) — S. 45. Nº 113.

612. — M. Lenoir, adjoint au Maire de Versailles. (Buste marbre.).

613. — M. Guillaume, ancien maire de Garches. (Buste plâtre.).

Bullot-Eicher (Mme Marie-Louise), 51, rue de Seine, Paris. (S^{re}).

614. — Vase, débris d'Egypte. (Plâtre.).

Cullet (Aristide), 18, rue de Vitry, Choisy-le-Roi.

615. — M. Rendu, conseiller d'arrondissement de la Seine. (Buste plâtre).

616. — Ocarina (Fantaisie). (Buste terre cuite.).

Dryjard des Garniers (Ferdinand), 1, rue Edouard-Charton, Versailles.

617. — Portrait de Mme Le M. (Plâtre.) — S. 41. Nº 25.

618. — Portrait de M. Le M. (Plâtre.) — S. 41. Nº 26.

Dusouchet (Léon), rue du Peintre-Lebrun, 11, Versailles. [V. Méd. d'argent 3ᵉ classe].

619. — Feuille morte (figure couchée.) — S. 41. Nᵒ 27.
620. — Portrait d'Enfant.

Gaillard (Léon), 8, rue Armengaux, Saint-Cloud.

623. — L'Aurore. (Statuette.)

Galliard-Sansonetti, rue de Mondovi, 8, Paris.

621. — Cheval de Cirque.
622. — Chat angora.

Gonthier (Emile), 2, rue des Réservoirs, Versailles. [V. M. H.]

624 — Portrait d'Horace Vernet. (Buste plâtre.) — S. 41. Nᵒ 17.
625 — Portrait de M. Meister, chef de musique au 1ᵉʳ Génie. (Médaillon plâtre.) (Voir peinture.) — S. 41. Nᵒ 18.

Hennequin (Gustave-Nicolas), 20, rue Guersant, Paris. [V. méd. d'argent.]

626 — Portrait d'après nature. (Buste en bronze.)

Hercule (Lucien), 25, rue Humboldt, Paris.
[P. II. C. — V. M. II.]

627 — Profil d'Espagnole. (Terre cuite.)

Loiseau-Rousseau (Paul), 28, rue Notre-Dame-des-Champs, Paris. [P. II. C. — V. 1ʳᵉ méd. et Rappel.]

628 — Crispin. (Statuette bronze.)
629 — Etude de taureau. (Bas-relief bronze.)

Marcel (Mme Jane), 26, avenue de la Grande-Armée, Paris.

630 — Liseron. (Buste plâtre.)

Móny (Adolphe), 70, rue Spontini, Paris. [P. M. II. — V. M. II.] (Sʳᵉ.)

631 — Portrait de Mᵐᵉ Angèle Vigneau. (Médaillon marbre.) — S. 41. N° 28.
632 — Portrait d'enfant, Armand J***. (Médaillon cuivre bronzé.) — S. 44. N° 143.

Samson (Emmanuel), 55 *bis*, avenue de Villiers, Neuilly-sur-Seine.

633 — Maternité. (Cire bronzée.)
634 — Un braconnier. (Cire bronzée.) (Voir peinture).

Testard (Mme Pauline), 13, rue du Montparnasse, Paris. [P. M. H.]

635 — Trois médaillons bronze : N° 1, médaille pour
une société vélocipédique ; n° 2, portrait de
M. E. Contamine de Latour (appartenant à
M. C. de L***); n° 3, La Flore (salon 1895.)
(Voir eau-forte)

VERSAILLES. — IMP. CERF, 59, RUE DUPLESSIS.

www.ingramcontent.com/pod-product-compliance
Lightning Source LLC
LaVergne TN
LVHW021740170726
843503LV00004B/1656